현생을 사는 이들을 위한

부처의 마음수업

BOOK PLAZA

BUDDHIST BIRTH STORIES; OR, JĀTAKA TALES.
THE OLDEST COLLECTION OF FOLK-LORE EXTANT:
Being
THE JĀTAKATTHAVAṆṆANĀ,
For the first time Edited in the Original Pāli
By V. FAUSBÖLL,
And Translated
By T. W. RHYS DAVIDS.
TRANSLATION. VOLUME I.
LONDON: TRÜBNER & CO., LUDGATE HILL. 1880.

현생을 사는 이들을 위한

부처의 마음수업

파우스뵐 지음 | 김대웅 편역

BOOK PLAZA

편역자의 글

때는 기원전, 장소는 그리스 아테네. 길을 가던 소크라테스가 마주 오는 청년을 붙잡고 대화를 시작한다. "자네는 무엇을 용감하다고 하는가?", "이러한 것은 용감한가?", "그렇다면 자네가 용감하다고 한 것은 용감하지 않은 게 아닌가?", "자네는 용감한 게 뭔지 모르는군." 청년은 용감한 것이 무엇인지 알 수 없게 되었다!

이러한 소크라테스의 대화법을 '산파술'이라고 한다. 산모가 아이를 낳듯이, '지혜를 낳는 대화'를 뜻한다. 서양 철학의 역사는 바로 이 '산파술'의 역사라 해도 과언이 아니다. 우리가 잘 알고 있다고 생각하는 '관념'을 끈질기게 따지고 의심하여 정신적 파산을 일으키는 것, 그리고 가장 확실한 것만을 추려 다시 시작하는 것. 저 유명한 데카르트도 그렇게 '신'을 의심했고, 니체는 우리가 정신적 파산으로 향해 가는 이 과정을 '허무주의', 또는 '니힐리즘' 이라고 표현한다.

때는 마찬가지로 기원전, 장소는 인도의 제타바나. 부처를 찾아온 마을의 청년이 부처에게 질문한다. "부처님, 무엇이 용감합니까?" 그러자 부처가 이야기를 시작한다. "무엇이 용감하냐고? 내가 다섯 번째 전생에서 숲에 사는 사슴이었는데, ……", "그리고 세 번째 전생에서 나는, ……", "이제 무엇이 용감한지 알겠느냐?" 청년은 이제 알 것 같다고 해야만 했다. 사실 부처는 '투머치토커'도 아니고, 농담을 하는 것도 아니다. 그럼에도 자신이 '전생'에서, 가끔은 그보다 훨씬 전의 전생에서 겪은 일을 잘도 이야기한다.

아마도 이러한 차이가 서양 철학과 동양 사상의 '다름'을 가장 잘 드러내는 방식이 아닐까 싶다. 말인즉, 서양이 '관념'이라면 동양은 '이야기'이고, 서양이 '의심'이라면 동양은 '신뢰'랄까.

그렇지만 우리 현대인들은 도무지 부처가 들려주는 이야기를 의심하지 않을 수가 없다. 전생이라니. 심지어 전전의 전생이라니. 의문이 들 수밖에 없다. 일단, 부처는 왜 그렇게까지 우리에게 '전생의 이야기(jātaka)'를 들려주고 싶은 걸까? 부처는 '빛나는 미래'가 아니라 '고단했던 전생'을 이야기하고, "그러니까 우리 이제 딱 한 번만 더 살고 다시 태어나지 말자."라고 말한다.

고로, 부처가 들려주는 어딘가 엉성한데 이상하게 감동적인 이야기의 목적은 딱 하나다. 어쩌면 전생에서보다 더 고단한 현생을 사는 우리에게 열반에 들어 다시 태어나지 않는 방법을 가르치는 것. 우리가 절대로 다시 태어나지 않겠다는 강인한 의지를 지니고 현생을 살아가게 하는 것. 지나온 모든 전생을 걸고 마지막 승부를 펼치는 것.

열반을 위한 마지막 승부에서 이기기 위해 우리에게 꼭 필요한 지혜는 전부 이미 우리 마음속에 들어 있다. 사차원 시공간으로 이어진 요술 주머니처럼, 마음 속에는 수없이 많은 전생을 거치며 하나씩 쌓인 지혜들이 잔뜩 들어 있어 우리는 위기를 만날 때마다 그것들을 꺼내 쓸 수 있다. 그러니까 현생이 힘들 땐 부처가 하는 이야기를 들어 보자. 마음속에 담긴 많은 것들을 꺼내어 보자. 그토록 오랜 시간 나를 지켜온 그 마음을 직접 확인해 보자.

이 책은 덴마크 출신의 저명한 불교학 연구자 비고 파우스뵐 (Michael Viggo Fausböll)의 저서 『Buddhist Birth Stories; Jātaka Tales』를 근간으로 한다. 파우스뵐은 유럽인으로서 부처 생전 인도에서 사용한 언어인 '빨리어(Pāli)'에 능통하였으며, 코펜하겐 대학교에서 동양학과 언어학을 가르쳤다. 학술적 성과로 덴마크 국왕에게 기사 작위를 수여 받았고, 그의 사후 서양에서 수행한 불교 연구는 대부분 그의 연구물에 의존하였다. 이 책은 1880년에 출판된 그의 저서에 실린 부처의 전생 이야기 40여 편을 현생을 사는 우리가 읽기 쉽게 번역하고 적절한 제목과 함께 배치하여 실용적으로 탈바꿈시킨 것이다.

학동로 삼백이십구 번지에서
편역자 씀

2부 세상을 바라보는 마음

3부 마음이 바라보는 당신

4부 부처를 바라보는 마음

01

나를 바라보는 마음

당신은 왜 속는가?

부처가 제타바나 사원에서 머물 때 부유한 상인 아나타핀다카가 오백 명의 이단자들을 이끌고 부처를 찾아와 가르침을 구했다. 그러자 부처는 구름에 가려진 달을 꺼내 밝히듯이 그들에게 전생의 비밀을 이야기하기 시작했다.

"세상의 무지를 깨우치고 고통을 정복하기 위해 나는 억겁의 시간을 수행했다. 내가 말할 테니 잘 듣거라.”

　오래전, 브라마닷타가 베나레스를 다스릴 때, 한 상인의 집에서 보살˙이 태어나 지혜로운 상인으로 성장했다. 같은 시기에 베나레스에는 상식이 없는 아주 어리석은 상인이 있었다. 하루는 두 상인이 각자 오백 개의 수레를 값비싼 물건으로 채우고 같은 시기에 같은 목적지로 떠날 채비를 했다. 지혜로운 상인은 생각했다.

　‘이 어리석은 친구가 나와 함께 출발한다면 천 개의 수레가 동시에 길을 가겠지. 나무와 물이 부족할 것이고, 소를 먹일 풀도 충분하지 않을 거야. 둘 중 하나가 먼저 가야 해.’

　“이보게.”

　지혜로운 상인이 어리석은 상인에게 말했다.

　“우리가 같이 여행할 수는 없네. 자네가 먼저 가거나 뒤에 오지 않겠나?”

　지혜로운 상인의 말을 듣고 어리석은 상인은,

　‘먼저 가는 게 좋아. 내 소들이 먼저 풀을 뜯을 것이고, 먼저 야생 허브를 따서 카레를 만들 수 있어. 물도 깨끗하겠지. 가장 좋은 건 내 물건들을 먼저 팔 수 있다는 거야.’라고 생각했다.

　“내가 먼저 가겠네, 친구여.”

　지혜로운 상인은 그 대답을 내심 반겼다. 그는 뒤에 가는 것에서 많은 이점을 보았기 때문이다.

　‘이 많은 수레를 끌고 가기에는 길이 험해. 그렇지만 뒤에 가면

˙전생에서 수행하던 시절의 부처를 부르는 말.

잘 닦여진 길을 갈 수 있어. 내 소들은 한 번 솎은 어리고 달콤한 풀들만 먹겠지. 허브도 훨씬 신선하고 달콤할 거야. 물이 없는 곳에서는 먼저 간 사람들이 파놓은 우물을 쓸 수도 있지. 그리고 가격을 흥정하는 건 피곤한 일이야. 나는 정해진 값을 받을 수 있어.'

지혜로운 상인은,

"아주 좋네, 친구여. 먼저 가게나."라고 말했다.

"그렇게 하지."

어리석은 상인은 그의 무리를 이끌고 기분 좋게 길을 나섰다.

얼마 후, 어리석은 상인이 오백 개의 수레와 함께 사막에 도착했다. 그는 사막을 건너기에 앞서 사람들을 시켜서 커다란 항아리에 물을 가득 채웠다. 멀리서 악마가 그들을 지켜보고 있었다. 그리고 그들이 사막 한가운데에 도달하자, 악마는 마술을 부려 순백의 소가 끄는 마차와 열두 명의 악마들을 만들어냈다. 악마들은 검을 차고 활을 멨고, 위엄 있는 모습으로 모래언덕을 내려와 어리석은 상인에게 다가갔다. 그들의 머리카락과 옷은 젖어 있었다. 파란 연꽃과 하얀 수련으로 머리를 장식하고 있었고, 악마가 탄 마차는 진흙투성이였다. 악마는 어리석은 상인에게 반갑게 인사했다.

"어디서 오는 길인가?"

"베나레스에서 출발했습니다."

어리석은 상인은 악마의 행색을 보고 악마에게,

"당신의 머리카락과 옷이 젖어 있습니다. 마차는 진흙투성이고, 당신은 연꽃과 수련으로 장식했습니다. 혹시 비를 맞으셨나요? 저 앞에 연못이 있나요?"라고 물었다.

그러자 악마는,

"저 언덕을 넘으면 항상 비가 내리는 녹지가 나온다네. 연꽃과 수련이 가득 핀 연못도 있지."라고 대답했다.

그리고 악마는 어리석은 상인의 물건에 흥미를 보였다.

"이 마차들은 무엇을 싣고 있는가?"

"값비싼 물건들입니다."

"저 무거워 보이는 것은 뭔가?"

"물이 담겨 있습니다."

"자네는 지혜롭게 여기까지 왔군. 그러나 이제 물은 충분하다네. 물을 버리고 서둘러 가게나."

말을 마친 악마는 무리를 이끌고 베나레스를 향해 출발했다.

"너무 지체했으니 이만 가겠네!"

어리석은 상인은 어리석게도 악마의 충고를 따랐다. 그는 사람들을 시켜서 커다란 항아리를 깼고, 물 한 방울 남기지 않은 채로 길을 재촉했다. 그러나 그들은 모래언덕 너머에서 비가 내리는 녹지도, 연꽃과 수련이 가득 핀 연못도 발견할 수 없었다. 사람들은 지쳐서 목말라했다. 그들은 해가 지자 수레를 내려 소들을 쉬게 했지만 마시게 할 물이 없었다. 밥도 지을 수 없었다. 그리고 그날 밤 악마가 그들을 공격했다. 악마는 모두를 잡아먹고 뼈만 남겼지만 오백 개의 수레는 건드리지 않았다.

여섯 주가 지나 지혜로운 상인이 그의 무리를 이끌고 출발했다.

그가 사막에 도달했을 때, 그는 사람들을 시켜서 커다란 항아리

에 물을 가득 채웠다. 그러고는 사람들에게,

"내 허락 없이는 물을 함부로 사용하지 말게."라고 말했다.

지혜로운 상인 일행과 오백 개의 수레가 사막의 중간쯤 왔을 때 악마가 전과 같은 모습을 하고 나타났다. 지혜로운 상인은 악마의 눈이 붉은 것과 젖은 모습이 이상하다는 것을 알아차렸다.

'나는 이 사막에 물이 없다는 것을 안다.'

그리고 지혜로운 상인은,

'더군다나 이 기이한 마차에는 그림자가 없어. 저들은 분명 악마일 것이다.'라고 생각했다.

"꺼져라!"

지혜로운 상인이 말했다.

"우리는 상인이다. 물을 얻기 전에는 절대로 물을 버리지 않을 것이다!"

속임수를 간파당한 악마는 조용히 그곳을 떠났다.

그러나 무리는 지혜로운 상인에게,

"주인님, 저들은 연꽃과 수련으로 장식하고 있었습니다. 그리고 저 앞에 늘 비가 내리는 숲이 있다고 했습니다. 물을 버리고 빨리 움직일 수 있도록 허락해주십시오."라고 부탁했다.

그러자 상인이 무리에게 말했다.

"누구라도 이 사막에 호수나 연못이 있다고 전에 들은 적이 있는가?"

"아닙니다, 주인님."

"여기는 물이 없는 사막이다. 우리는 이제 막 낯선 이들에게 이 앞에 비가 내리는 숲이 있다고 들었다."

상인은 그들을 다그쳤다.

"누구라도 비구름을 보았는가?"

"아닙니다, 주인님."

"비바람을 느꼈는가?"

"아닙니다, 주인님."

"천둥소리를 들었는가?"

"아닙니다, 주인님."

"그들은 사람이 아니라 악마다."

그리고 지혜로운 상인은 그들에게,

"악마는 우리가 물을 버리기를 바란다. 우리가 지치고 약해졌을 때 악마가 돌아와서 우리를 먹어 치울 것이다. 먼저 간 사람들은 분명히 악마에게 속았을 것이다. 오늘 그들의 수레를 보게 될 것이다. 서둘러 가자."라고 말했다.

"물 한 방울도 버리지 마라!"

지혜로운 상인이 예상한 대로 그들은 머지않아 오백 개의 수레와 여기저기 널려있는 뼈들을 발견했다. 지혜로운 상인은 무리에게 수레를 내리고 서둘러 식사하도록 했다. 사람들과 동물들이 잠들자 지혜로운 상인과 몇몇이 검을 들고 밤새워 모두를 지켰다. 다음 날 아침 일찍 지혜로운 상인은 버려진 오백 개의 수레에서 값나가는 물건들을 찾아 그의 물건들 가운데 값싼 것들과 바꿔 신고 출발했다. 도착한 곳에서 그는 예상보다 두 배나 많은 돈을 받을 수 있었다. 지혜로운 상인은 자신의 무리에서 단 한 명도 잃지 않고 베나레스로 돌아왔다.

이야기를 마치며 부처는 이렇게 말했다.

"잘못된 믿음을 따르는 자는 파멸에 이르렀고, 진리를 붙잡은 자는 악마의 손아귀에서 벗어났다. 내 제자들은 당시 지혜로운 상인을 따르는 사람들이었고, 내가 그 지혜로운 상인이었다."

현생을 사는 이들을 위한 부처의 마음 수업

"당신은 이미 알고 있다.
당신이 아는 것을 믿어라."

당신은 어째서
현생을 포기하는가?

　이 이야기는 부처가 사밧티에 머물 때 수행을 포기하려 하는 제
자에게 들려준 것이다.

　"너는 전생에 그토록 용맹하지 않았는가? 너는 자신의 힘으로
메마른 사막에서 물을 찾아내지 않았는가? 너는 강인한 정신으로
사람들과 동물들의 생명을 구했다. 어째서 지금 포기하는가?"

아주 오래전, 브라마닷타가 베나레스를 다스릴 때, 한 상인의 집에서 보살이 태어났다. 그가 자라자 그는 오백 개의 수레를 끌며 사업을 할 수 있었다. 한번은, 그가 무리를 이끌고 이십 리그* 거리의 사막을 지나게 되었다. 이 사막의 모래는 너무 고와서 손에 쥘 수 없을 정도였다. 해가 뜨면 모래는 도저히 걸을 수 없을 정도로 뜨거워졌고, 엄청난 열기로 인해 여행은 밤에만 가능했다. 새벽녘에는 모든 수레를 둥글게 모아놓고 천막 아래서 밥을 먹었다. 해가 질 때까지 그늘에서 휴식하다가 해가 질 때 다시 식사했다. 땅이 다 식은 뒤에야 수레꾼들이 소를 끌고 나아갈 수 있었다.

이 사막을 여행하는 것은 밤의 바다를 항해하는 것과 같았다. 사막의 여행자는 별을 보고 길을 찾을 수 있는 길잡이의 도움을 받아야 했다. 이제 상인의 무리는 사막을 벗어나기까지 일 리그만을 남겨두고 있었다.

'오늘 밤 드디어 우리는 이 사막을 벗어난다.'

무리가 저녁 식사를 마치고 다시 이동하기 시작할 때, 상인은 사람들에게 여분의 물과 나무를 버리라고 했다.

길잡이는 선두에서 별을 관측했다. 그는 여행하는 동안 잠을 잘 수 없었기 때문에 완전히 지친 상태였다. 그는 수레 위에서 꾸벅꾸벅 졸다가 곧 잠이 들었다. 어느덧 소들이 원을 그리며 걷기 시작했지만 곯아떨어진 길잡이는 밤새도록 그 사실을 몰랐다. 새벽녘, 그가 잠에서 깨어 별의 위치를 확인하고 소리쳤다.

---

*일 리그에 약 5 km이다. 이십 리그는 약 100 km에 달한다.

"수레를 멈춰라!"

수레꾼들이 황급히 수레를 멈췄지만 열을 맞추자마자 해가 떠올랐다.

"아직도 우리는 이곳을 벗어나지 못했다. 우리에게는 물이 없다. 이제 우리는 죽을 것이다!"

"신이시여!"

사람들은 절망에 빠졌다.

상인은,

'내가 포기하면 모두 다 죽을 것이다.'라고 생각했다.

모두의 목숨을 구하기 위해 상인은 모래가 완전히 뜨거워지기 전에 주변을 샅샅이 살폈고, 마침내 쿠샤풀을 발견했다.

"쿠샤가 있다는 건 이 아래에 물이 있다는 것이다!"

그는 사람들에게 명령하여 그곳을 파게 했다. 사람들이 열 큐빗'을 파자 삽이 바위를 때렸고, 사람들은 절망했다. 상인은 구멍으로 내려가 바위에 귀를 댔다. 그는 분명히 바위 아래에서 물이 흐르는 소리를 들었다. 상인은 다시 구멍을 올라가 거기 있던 소년에게 말했다.

"얘야, 네가 해내지 못한다면 우리는 죽는단다. 우리는 네게 모든 걸 걸었으니 용기를 내주렴. 아래로 내려가서 철 망치로 바위를 부숴다오."

소년은 주인의 명령에 따랐다. 소년은 구멍으로 내려가 철 망치로 바위를 내려쳤고, 소년의 일격에 거대한 바위가 둘로 갈라지자

'한 큐빗에 약 0.5 m이다. 열 큐빗은 약 5 m에 달한다.

물이 뿜어져 나와 야자수 높이만큼 솟구쳤다. 모든 사람이 마시고 기뻐했다.

사람들은 밥을 지어 먹었고, 다 먹은 후에는 소들이 물을 마시게 했다. 해가 지자 그들은 우물 옆에 다른 여행자들을 위한 깃발을 세우고 목적지를 향해 출발했다. 도착한 곳에서 상인은 기대보다 훨씬 비싼 값에 물건을 팔았고, 더 큰 부자가 되었다. 이후에 상인은 많은 선행을 베풀다가 그의 복에 따리 세상을 떠났다.

이야기를 마치며 부처는 이렇게 말했다.

"당시 절망하지 않고 모두를 위해 바위를 갈라 물을 찾은 그 소년이 지금의 용기를 잃은 너다. 함께 사막을 건넌 무리가 지금 나의 제자들이고, 그들을 이끈 지혜로운 상인이 바로 나다."

"당신은 지금까지 잘 해왔다.
현생을 포기하기에는
당신이 살아온 전생들이 아깝다."

왜 슬픔에
빠져 있는가?

이 이야기는 부처가 사밧티에 머물 때 깨달음을 얻지 못해 절망한 제자에게 들려준 것이다.

"네가 절망에 빠져 아무런 시도를 하지 않는다면, 너는 황금 쟁반을 잃은 세리바의 상인처럼 한없이 슬퍼하게 될 것이다."

다섯 번 전의 전생에서, 우리의 보살은 주석과 황동으로 만든 세공품을 거래하는 세리바의 상인이었다. 한편 세리바에는 세공품을 거래하는 또 다른 상인이 있었다. 보살은 정직했으나, 그는 매우 탐욕스러웠다. 하루는 보살과 탐욕스러운 상인이 함께 강을 건너 안다푸라로 가게 되었다. 그들은 백오십사 개의 골목길을 두 구역으로 나누어서 각자의 구역을 정했고, 서로의 구역을 바꾸어 가며 물건을 팔기로 했다.

이 안다푸라에는 한때 부유했지만 모든 재산을 잃은 한 가족이 살고 있었다. 집안의 아들들은 모두 죽었고 할머니와 손녀만이 남아서 허드렛일하며 생계를 꾸리고 있었다. 그리고 이 가족의 집에는 그들이 부유하던 시절에 음식을 담아 먹던 황금으로 된 쟁반이 있었다. 그러나 쟁반은 먼지로 뒤덮여 있었고, 평범한 그릇들 사이에서 오랫동안 잊혀 있었기 때문에 할머니와 손녀는 그 쟁반이 황금 쟁반인 줄 알지 못했다.

그들이 사는 골목에 탐욕스러운 장사꾼이 나타났다. 그는 집들이 늘어선 좁은 길을 걸으며,

"반지 사세요! 팔찌 사세요!"하고 외쳤다.

장사꾼이 문 앞에 다다르자 소녀가 할머니에게 말했다.

"할머니! 제게 팔찌 하나만 사 주세요."

"아가야, 우리는 가난하잖니. 저걸 무엇과 바꿀 수 있겠니?"

"이 쟁반은 우리가 쓰지 않잖아요. 이걸 주고 하나를 받아요."

노파는 장사꾼을 청해 집에 들이고 쟁반을 건넸다.

"이 쟁반을 받고 대신 이 아이를 위해 뭔가 줄 수 있을까요?"

탐욕스러운 장사꾼은 건네받은 쟁반을 뒤집어 들고 가지고 있던 조그만 바늘로 뒷면을 조금 긁어 보았다.

'이건 황금이 틀림없어!'

그는 노파와 소녀에게 무엇도 주지 않고서 그 쟁반을 가지기로 했다.

"이것의 가치가 뭐요? 농전 반 개의 가치도 없소."

장사꾼은 들고 있던 쟁반을 바닥에 내팽개치더니 자리를 털고 일어나 가버렸다.

보살과 장사꾼이 서로의 구역을 바꿀 때가 됐다.

보살은 할머니와 손녀의 집이 있는 골목으로 들어서서,

"장신구 사세요!"하고 외쳤다.

소녀가 그 소리를 듣고서 할머니에게 전과 같이 부탁했다.

"애야, 전에 온 사람이 쟁반을 내팽개쳤잖니. 이제 무엇과 바꾸겠니?"

"할머니, 그 사람은 그랬지만 이 사람은 정중한 사람처럼 보여요. 목소리도 친절하고요. 분명히 이걸 가져갈 거예요."

"그렇다면 불러보렴."

소녀는 보살을 청해 집에 들이고 쟁반을 건넸다. 그는 가지고 있던 바늘로 쟁반의 뒷면을 조금 긁어 보았고, 그것이 황금 쟁반인 것을 알았다. 그러자 보살이,

"어머니! 이 쟁반은 동전 십만 개의 가치가 있습니다. 제가 가진

모든 것으로도 이것과 바꿀 수 없어요!"라고 말했다.

"그렇지만 전에 왔던 장사꾼은 이걸 바닥에 내팽개치고 떠났답니다. 동전 반 개의 가치도 없다고 했지요. 아마도 당신이 쌓은 덕으로 쟁반이 황금으로 바뀌었나 봐요. 그러니 우리는 당신이 이 쟁반을 가졌으면 해요. 줄 수 있을 만큼만 주고 가져가세요."

보살은 그가 가진 오백 개의 동전 전부와 동전 오백 개만큼의 가치가 있는 물건들 전부를 내놨다. 그리고 노파에게 그의 저울과 뱃삯으로 낼 동전 여덟 개는 자신이 가질 수 있기를 부탁했다.

황금 쟁반을 얻은 보살은 서둘러 강가로 가서 동전 여덟 개를 내고 배에 올라탔다.

그때, 탐욕스러운 장사꾼이 노파와 소녀의 집을 찾아갔다.

"그 쟁반을 가져오게. 딱하니 뭔가를 주긴 하겠네!"

그러자 노파가 그를 꾸짖었다.

"당신은 동전 십만 개의 가치가 있는 황금 쟁반이 동전 반 개의 가치도 없다고 하지 않았나요? 아까 당신의 주인처럼 보이는 사람이 와서 동전 천 개만큼 내고 가져갔습니다."

탐욕스러운 장사꾼은 절규했다.

"그 작자 때문에 나는 황금 쟁반을, 십만 개의 동전을 잃었다! 그 작자가 완전히 망쳐버렸어!"

그리고 비통함에 휩싸여서 휘청이다가 이성을 잃고 그가 가진 모든 물건을 문 앞에 내팽개치더니 몽둥이를 들고 보살을 쫓았다.

그는 강가에 도착해서 보살이 탄 배가 떠나는 것을 보았다.

"사공! 배를 멈춰!"

"멈추지 말게!"

탐욕스러운 장사꾼은 보살이 탄 배가 점점 멀어지는 것을 바라보며 극한의 감정을 느꼈다. 그의 심장은 점점 뜨거워졌고, 결국 그는 한낮의 태양 아래에서 뜨거운 진흙을 뿜어내는 흙덩어리처럼 심장이 멎을 때까지 입에서 피를 토했다.

그가 보살에게 품은 증오심 때문에, 그는 바로 그 자리에서 파멸했다. 그리고 이것이 데바닷타˙가 부처를 증오하기 시작한 첫 번째 전생이다.

이야기를 마치며 부처는 이렇게 말했다.

"너의 슬픔은 너의 욕심 때문이다. 네가 계속해서 슬퍼한다면 너의 슬픔이 너를 파멸시킬 것이다. 데바닷타는 당시 어리석은 장사꾼이었고, 나는 정직한 보살이었다."

˙부처를 배반한 제자. 부처의 사촌이자 부처의 제자 아난다의 형이기도 하다.

"욕심은 슬픔이 되고,
슬픔은 증오가 된다.
슬픔을 멈추고 욕심을 버려라."

욕심에
지배당하지 마라

사밧티의 한 지주가 그의 아내가 죽고 수행자가 되었다. 그가 출가할 때 그는 사원에다가 자신만을 위한 독채와 주방과 창고를 지었고, 쌀과 기름으로 자신의 창고를 가득 채웠다. 심지어 출가한 후에도 그의 하인들을 불러 그가 먹고 싶은 것을 요리하게 해서 마음껏 먹었다. 그는 수행에 필요한 모든 물품 또한 갖추었고, 밤에 입을 옷과 낮에 입을 옷을 구분해서 가지고 있었다.

하루는 그가 자신의 독채 앞에서 승복과 이불을 꺼내 햇볕에 펴 말리고 있는데, 시골에서 온 수행자들이 숙소를 찾다가 그의 독채와 승복과 다른 좋은 것들을 보고 그에게 물었다.

"이것들이 전부 누구의 것입니까?"

"내 것이요, 형제."

"그러나 형제여, 이것과 저것과 그리고 저것과 저것, 저것이 모두 당신의 것이란 말이오?"

"그렇소."

"형제여, 부처님께서는 승복 세 벌만을 허락하셨소. 그러나 당신은 부처님의 말씀을 어기는구려."

수행자들은 그를 데리고 부처에게 갔다.

"어찌하여 그를 데려왔는가?"

"주인이시여, 이 사람은 많은 물건과 커다란 옷장을 가지고 있습니다."

"네가 그렇게 많은 것을 갖고 있다는 것이 사실인가?"

"주인이시여, 그렇습니다!"

"내가 적게 가지고 은둔하며 욕구를 통제하라 하지 않았는가?"

부처의 말을 들은 그는,

"그러시다면 그렇게 하겠습니다!"라고 성내며 승복을 벗어 던지고 허리에 천 하나만을 두르고서 사람들 사이에 섰다.

그러자 부처는,

"너는 과거에 부끄러움을 알고 깨우쳐 열두 해를 성실하게 살았다. 그런데 어찌하여 지금은 부끄러움을 모르게 되었는가?"라고 말했다.

그는 부처의 말에 다시 과거의 부끄러움을 느껴 옷을 주워 입고서 스승에게 절하고 물러났다.

부처는 제자들에게 그가 연못의 악마였을 때의 이야기를 들려줬다.

오래전, 브라마닷타가 베나레스의 왕이었을 때, 그의 왕비가 보살을 뱃속에 품었다. 왕비는 보살을 '선 왕자'라고 이름 지었다. 그리고 보살이 태어나 뛰놀 만큼 자랐을 때, 왕비는 둘째 아들을 낳아 '달 왕자'라고 이름 지었다. 달 왕자가 뛰놀 만큼 자랐을 때 왕비가 죽었다.

왕은 다른 왕비를 들였고 그녀는 왕의 사랑을 받으며 아들을 낳았다. 그리고 그를 '해 왕자'라고 이름 지었다. 왕은 그의 새 아들을 보고 기뻐하였다.

"사랑하는 왕비! 태어난 아이를 위해 당신이 바라는 무엇이든지 당신에게 주겠다고 약속하겠소!"

왕비는 이 약속을 간직하고 때가 되기를 기다렸다. 그녀의 아들이 성년이 되자 그녀가 왕에게 말했다.

"폐하, 내 아들이 태어났을 때 당신은 나에게 약속했습니다. 이제 내 아들에게 왕국을 주시기를 바라옵니다!"

그러자 왕은,

"내 두 아들들이 이미 불꽃처럼 빛나고 있소! 나는 당신의 아들에게 왕국을 줄 수 없소!"라고 말하며 왕비의 부탁을 거절했다.

그러나 그녀가 애원하고 또 애원하자 왕은, '이 여자는 언젠가 내 아들들에게 사악한 짓을 저지를 게 분명하다!'라고 생각하여 선 왕자와 달 왕자를 멀리 보내기로 했다.

"아들들아! 해 왕자가 태어나고 나는 무척 기뻐했다. 그렇지만 나는 셋째에게 왕국을 줄 생각이 없다. 이제 왕비는 분명 너희들에게 사악한 짓을 저지를 것이다. 먼 곳으로 도망가서 살다가 내가 죽으면 왕국으로 돌아와 너희들의 권리를 되찾거라!"

왕은 흐느끼면서 아들들의 이마에 입을 맞추고 그들을 보냈다. 그들이 왕궁을 빠져나올 때 뜰에서 놀던 해 왕자가 그들을 보았다. 해 왕자는 금세 상황을 이해했다.

'나도 형들과 함께 가겠어!'

해 왕자는 형들을 따라나섰다.

왕자들이 히말라야산맥에 다다랐을 때 나무 그늘에서 쉬어가기로 했다. 선 왕자가 해 왕자에게 말했다.

"동생아, 저기 연못이 있으니 먼저 가서 물을 마시고 몸을 씻도록 해."

그 연못은 정령의 왕 베사바나가 악마에게 살도록 허락한 곳이었다.

'너는 물에 들어오는 모든 인간을 사냥해도 된다. 그러나 신성한 것을 아는 자는 해치지 마라. 그리고 물에 들어오지 않는 자도 해치지 마라.'

그 후로 악마는 연못에 살며 물에 들어오는 모든 이들에게 신성한 존재를 알고 있는지 질문했고, 신성한 존재를 모르는 이들을 산 채로 잡아먹었다.

해 왕자가 그 연못으로 걸어가 주저하지 않고 뛰어들었다. 그러자 악마가 그를 붙잡았다.

"너는 무엇이 신성한지 아는가?"

"물론이다! 신성한 것은 해이고, 달이고, 신이다."

악마는,

"너는 무엇이 신성한지 모르는구나."라고 말하고 해 왕자를 물속으로 끌고 들어갔고, 자신의 동굴로 데려가 가두었다.

시간이 흘러도 해 왕자가 돌아오지 않자 선 왕자는 달 왕자를 연못으로 보냈다. 그러나 달 왕자도 해 왕자와 마찬가지로 연못의 악마에게 붙잡혔다.

"너는 무엇이 신성한지 아는가?"

"물론이다. 드넓은 하늘이 신성하다."

악마는,

"너는 무엇이 신성한지 모르는구나."라고 말하고 달 왕자를 물속으로 끌고 들어갔고, 동굴로 데려가 해 왕자와 함께 가두었다.

달 왕자 또한 돌아오지 않자 선 왕자는,

'무슨 일이 생긴 게 분명하다.'라고 생각하여 자신이 직접 가 보기로 했다. 연못가에서 그는 연못으로 들어가는 동생들의 발자국을 찾았지만, 연못에서 나오는 발자국은 찾을 수 없었다. 선 왕자는 연못에 인간을 사냥하는 악마가 살고 있다고 확신하여 검을 뽑아 들었다.

보살이 물에 들어오지 않자, 악마는 산행하는 자로 변신하여 보살에게 말을 걸었다.

"안녕하시오! 그대는 매우 지친 듯이 보이는데 어째서 물에 들어가서 씻고, 마시고, 연꽃 뿌리를 먹지 않는 것이오?"

보살은 그가 연못의 악마라는 것을 바로 눈치챘다.

"네가 내 형제들을 잡아갔구나!"

"그렇다."

"왜 이런 짓을 하느냐!"

"나는 연못으로 들어오는 모든 인간을 사냥하는 것을 허락받았다."

"모든 인간을 말이냐!"

"무엇이 신성한지 아는 자를 제외한 나머지는 내 먹잇감이다."

"그래서 너는 무엇이 신성한지 궁금한 것이냐?"

"그렇다."

"그렇다면 내가 말해주마!"

"좋다."

"그러나 너를 가르치기에 나는 많이 지쳐있다."

악마는 보살을 씻긴 후에 물과 음식을 주었다. 머리에는 꽃을 꽂아주었고 향수를 뿌려주었다. 그리고 보살을 아름다운 초당 안으로 들여 정좌하게 했다. 보살은 악마를 자기 발 앞에 앉혔다.

"무엇이 신성한지 귀 기울여 들어라."

보살이 암송을 시작했다.

마음이 깨끗한 사람들

죄를 두려워하는 사람들

말과 행동이 친절한 사람들

세상의 시작을 알린 것들을

지켜가는 사람들

이들을 신성하다고 한다.

악마가 이것을 듣고 감격하여 말하였다.

"오, 지혜로운 선생이시여! 나의 믿음을 드립니다. 당신의 형제 중 하나를 당신께 돌려드리겠습니다. 누구를 원하십니까?"

"막내를 데려와라."

"그러나 선생이시여, 그렇다면 당신은 무엇이 신성한지 알면서도 그와 반대로 행동하는 게 아닌가요?"

"무슨 소리냐?"

"다른 동생은 죽게 됩니다."

"알고 있다. 그러나 막내는 단지 우리를 따라서 이 숲에 오게 된 것이다. 그 아이의 어머니가 아버지에게 왕국을 달라고 했기 때문에 아버지는 우리를 위협으로부터 도망치게 했다. 만약 내가 사람들에게, '그 아이가 숲에서 악마에게 잡아먹혔다.'라고 한다면 누구도 내 말을 믿지 않을 것이다. 그래서 나는 그 아이를 데려오라고 했다."

"오, 스승이시여! 당신의 말씀이 옳습니다. 당신은 무엇이 신성한지 알고 당신의 행동 또한 신성합니다."

악마는 이렇게 보살을 드높이고 그의 두 형제 모두 그에게 돌려주었다. 그러자 보살이 악마에게 말했다.

"친구여, 자네가 악마로 태어나 인간의 살을 뜯어 먹고 사는 것은 전생에 저지른 잘못 때문이라네. 지금도 자네는 계속해서 죄를 짓고 있지. 자네는 악한 존재로 다시 태어나는 일에서 벗어나야 하네. 악을 멀리하고 선을 행하게!"

후에 왕이 죽자 보살은 베나레스로 돌아가 왕좌에 올랐다. 그는 달 왕자를 자신의 후계자로 정했고 해 왕자를 베나레스의 사령관으로 임명했다. 그리고 악마에게는 좋은 장소에 연못을 마련해 주고 싱싱한 꽃과 음식을 끊임없이 제공해 주었다. 보살은 자신의 왕국을 올바르게 통치하다가 그의 복에 따라 세상을 떠났다.

현생을 사는 이들을 위한 부처의 마음 수업

이야기를 마치며 부처가 이렇게 암송했다.

발가벗음도 아니고 지저분함도 아니다.
밥을 굶는 것도 아니고 땅에 눕는 것도 아니다.
먼지와 재도 아니고 애쓰는 것도 엄격한 것도 아니다.
이러한 것들은 물에 빠진 사람을 구하는 것이 아니다.

그리고 부처는,
"당시 연못에 살던 악마가 지금 호화롭게 수행하는 수행자이고,
달 왕자가 지금 아난다˙이고, 해 왕자가 사리불˙˙이고, 선 왕자가
바로 나다."라고 말했다.

˙부처의 십대제자 중 한 사람.
˙˙부처의 십대제자 중 한 사람.

나를 바라보는 마음

"당신의 욕심을 외면하지 마라.
당신의 욕심을 설득하라."

마음을 더럽혔다고
괴로워하지 마라

부처가 라자가하 근처에 있는 지바카 가문의 망고 숲에 머물 때, 그에게는 '츌라판타카'라는 이름의 제자가 있었다. 이것은 츌라판타카가 부처를 만나 깨달음을 얻기까지의 이야기이다.

라자가하에서 가장 부유한 집안의 딸이 그녀의 노예와 사랑에 빠졌다. 그녀는 부모에게 자신과 노예의 관계를 들킬까 봐 몹시 두려워했다.

"우린 라자가하에 있을 수 없어요. 부모님이 우리 사이를 아신 다면 우리를 영영 갈라놓을 거예요. 사람들이 모르는 먼 곳으로 가요."

둘은 약간의 짐만을 챙겨 라자가하를 떠났다. 숨어 지낼 수 있다 면 그곳이 어디인지는 중요하지 않았다.

그들은 정착할 곳을 찾았고, 그녀는 아기를 가지게 되었다.

출산이 가까워지자 그녀가 남편에게 말했다.

"조만간 아기를 낳을 것 같아요. 그렇지만 친구도, 친척도 없는 곳에서 아기를 낳는 건 우리 둘 모두에게 힘든 일이 될 거예요. 집 으로 돌아가요."

그러나 그는,

"오늘이 좋으려나? 내일은 어떠려나?"라고 말하며 대답을 피했 다.

'이 멍청한 남자는 벌 받는 게 두려워서 집으로 돌아갈 용기가 없는 거야. 그렇지만 결국 부모님은 날 이해하실 테니, 이 남자가 가든지 말든지 나는 가겠어.'

그가 집을 비운 사이에 그녀는 가까운 이웃들에게만 작별을 고 하고 집을 떠났다. 남자가 집에 돌아왔을 때 그녀는 그곳에 없었 고, 그는 이웃들에게 그녀가 집을 떠났다는 사실을 듣게 되었다. 그는 그녀를 뒤쫓았고, 라자가하로 가는 길의 중간에서 그녀를 발견했다. 그녀는 갓 태어난 아기를 안고 있었다.

"부인, 이게 무슨 일인가요?"

"여보, 아기를 낳았어요."

"이제 어떻게 하면 좋을까요?"

"아기가 태어났으니 라자가하로 돌아가는 게 무슨 소용이 있겠어요? 집으로 가요."

그들은 집으로 돌아왔다. 그리고 아기가 길에서 태어났기 때문에 길의 중간을 뜻하는 '판타가'라고 이름 지었다. 머지않아 그녀가 다시 임신하자 그들에게는 전과 같은 일이 반복됐고, 둘째 아기도 길에서 태어났기 때문에 '크다'와 '작다'의 뜻을 더해서 첫째를 '마하판타카', 둘째를 '츌라판타가'라고 이름 지었다.

시간이 흘러, 하루는 아이들이 어머니에게,

"어머니, 다른 아이들은 할아버지 할머니와 친척이 있다고 해요. 저희는 친척이 없나요?"라고 물었다.

"이곳엔 없지만 라자가하에 아주 부유한 할아버지 할머니와 많은 친척이 있지요."

"그러면 왜 우리가 그곳으로 가지 않는 거죠?"

그녀는 아들들에게 라자가하로 갈 수 없는 이유를 말했지만, 아들들은 몇 번이고 다시 물었다.

"여보, 이 아이들이 저를 계속 괴롭히네요. 부모님이 우리를 잡아먹기야 할까요? 아이들을 할아버지 할머니와 만나게 해 줘요."

"나는 그분들을 만날 용기가 없지만, 당신을 데려다줄게요."

두 사람은 아이들을 데리고 라자가하로 갔다.

도시 입구에 도착했을 때 그녀는 부모에게 도착을 알렸다. 그녀의 부모가 답장했다.

자식이 없는 것은 괴로운 일이다. 너희들은 우리에게 큰 죄를 저질렀다. 너희들을 만나지 않겠다. 돈을 줄 테니 너희들 좋은 데로 가 살아라. 그렇지만 아이들은 우리에게 보내라.

딸은 부모가 보낸 돈을 받고 아이들을 부모에게 보냈다. 아이들은 라자가하에서 부유한 할아버지 할머니와 함께 살게 되었다.

어느덧 마하판타카는 할아버지를 따라 부처를 찾아가서 가르침을 받을 만큼 자랐다. 매일같이 스승에게 진리를 듣던 마하판타카는 세상을 버리기로 결심했다. 그는 할아버지에게,

"허락해주신다면 수행자가 되고 싶어요."라고 부탁했다.

"내 아이야, 나는 이 세상 누구보다 네가 수행자가 되길 바란단다. 네가 할 수만 있다면 어떻게 해서든 수행자가 되거라."

할아버지는 마하판타카를 부처에게 데려갔다.

"주인이시여, 이 소년은 제 손자이고 당신에게 서약하길 원합니다."

부처는 소년을 받아주었다.

마하판타카는 많은 경전을 외웠고 나이가 차자 완연한 수행자가 되어 아라한*의 수준에 도달했다. 그는 깊은 지혜에서 솟아나는

*수행자 가운데서 가장 높은 경지에 오른 사람.

기쁨을 즐거워하며 그의 동생 츌라판타가 그와 같은 기쁨을 맛볼 수 있기를 바랐다. 그는 할아버지를 찾아갔다.

"만일 고귀한 당신께서 허락하시거든 제가 츌라판타카를 받겠습니다."

"존귀한 분이시여, 부디 그를 데려가 주십시오."

마하판타카는 츌라판타카를 데려왔고 그에게 계율에 따라 생활하는 법을 가르쳤다. 하지만 그가 아무리 알려주어도 머리가 나쁜 츌라판타카는 넉 달이 지나도록 경전의 한 구절도 외우지 못했다.

결국 마하판타카는 동생에게,

"츌라판타카, 너는 수행할 수 없다. 넉 달 동안 한 구절도 외우지 못하는데 어떻게 지극한 지혜에 도달할 수 있겠느냐. 이곳을 떠나거라."라고 말했다.

그러나 츌라판타카는 부처의 가르침을 사랑하여 형의 말을 듣지 않았다.

그날 저녁에 지바카 가문의 사람이 마하판타카를 찾아왔다.

"이곳에 얼마나 많은 부처님의 제자들이 있습니까?"

"오백 명이 있습니다."

"내일 아침 오백 명의 제자분들이 부처님을 모시고 저의 집에 와 식사하시겠습니까?"

"츌라판타카라는 자는 어리석으니 그를 뺀 모든 제자가 스승님을 모시고 가겠습니다."

이 소식을 들은 츌라판타카는,

나를 바라보는 마음

'나를 사랑하는 내 형제의 마음은 사라졌다. 이제 이 수행이 나에게 무슨 의미가 있을까? 나는 평범한 사람이 되어 평범한 사람이 할 수 있는 선한 일을 해야 한다. 내일 아침 일찍 이곳을 떠나자.'라고 생각했다.

다음 날 아침, 부처가 길목에서 그를 기다리고 있었다.

츌라판타카가 그의 스승을 보고 절하였다.

"츌라판타카, 어디로 가느냐?"

"주인이시여, 형제가 저를 내쫓았으므로 다시 세상으로 돌아가고자 합니다."

"츌라판타카, 세상으로 돌아가는 것이 네게 무슨 유익이 있느냐? 이곳에 있거라."

부처는 츌라판타카를 법당으로 데려가 앉게 하고 아주 흰 천을 건넸다. 부처는,

"츌라판타카, 너는 동쪽을 향해 앉아 이 천으로 마루를 닦거라."

라고 말하고 지바카의 집으로 떠났다.

츌라판타카는 스승의 말대로 마루를 닦았다. 그가 마루를 닦을수록 흰 천은 더럽혀졌다.

"이 천은 아까만 해도 아주 희었는데 나로 인해 더럽혀졌구나!"

츌라판타카는 쇠락하는 것과 죽어가는 것의 진실을 깨달아 마음의 눈을 떴다.

그러자 그의 눈앞에 부처가 나타났다.

"츌라판타카, 흰 천이 더러워졌다고 괴로워하지 마라. 네 안에는

현생을 사는 이들을 위한 부처의 마음 수업

욕망과 근심과 죄의 얼룩이 있으니, 너는 이것들을 닦아내야 한다."

부처의 말이 끝나자 츌라판타카는 아라한에 이르러 자신의 전생을 보았다.

오래전, 그는 한 나라의 왕이었다. 하루는 그가 자신의 도시를 순회하다가 이마에서 땀이 흐르자 순백의 옷소매로 이마를 닦았다. 그리고 그는 땀으로 더러워진 옷소매를 보며 깊이 생각했다.

"모든 것이 나로 인해 변하는구나!"

"마음을 닦는 것은
깨끗한 나의 마음으로
세상의 더러움을 닦는 것이다."

당신의 잠재력을
의심하지 마라

아무런 재능이 없어 형제에게 쫓겨난 츌라판타카가 자신들이 밥
한 끼를 먹는 동안에 깨달음을 얻었다는 사실을 알고 부처의 제자
들이 부처에게 설명을 구했다. 부처는 그들에게 전생의 비밀을 이
야기했다.

오래전, 브라마닷타가 베나레스를 다스리던 때에, 한 재상의 집에서 보살이 태어났다. 그가 자라자 그는 재상의 자리를 물려받았고 '츌라카'라 불리었다.

츌라카는 지혜롭고 재주가 좋았으며 앞날을 내다볼 수 있었다. 하루는 그가 왕을 모시고 길을 가다가 길에서 죽은 쥐를 보았다.

"앞날을 내다보는 젊은이라면 이 죽은 쥐를 가져가겠지."

가난에 허덕이던 몰락한 귀족 가문의 자제가 재상의 말을 듣고, '이 분은 의미 없이 이런 말을 하는 분이 아니다.'라고 생각했다. 그는 죽은 쥐를 들고 고양이를 키우는 가게로 가 동전 하나와 바꿨다.

청년은 동전 하나로 사탕을 사서 물에 넣고 끓였다. 그리고 왕의 화관을 만드는 사람들이 꽃을 따서 성으로 돌아가는 길에 그들에게 사탕 물 한 국자씩을 주고서 꽃 한 송이씩을 받았다. 꽃다발을 판 돈으로 그는 금방 동전 여덟 개를 얻었다.

얼마 후, 비바람이 부는 날에 왕의 정원이 나뭇가지들과 나뭇잎들로 어지럽혀졌다. 이를 본 청년은 왕의 정원사를 찾아가서,

"저에게 이 나뭇가지들과 나뭇잎들을 주신다면 제가 이것들을 가져가겠습니다."라고 말했다. 정원사는 흔쾌히 그가 그것들을 가져가도록 허락했다.

청년은 사탕을 사서 놀고 있는 아이들에게 하나씩 주며 정원의 나뭇가지들과 나뭇잎들을 모아 정원 앞에 쌓으라고 했다. 일은 눈 깜짝할 사이에 끝났고 때마침 왕의 그릇을 굽는 자가 장작을 찾아

다니다가 그 장작더미를 동전 열여섯 개, 물항아리 다섯 개와 교환했다.

청년은 이번엔 성문 앞으로 가서 항아리들에 물을 가득 채워 놓고 오백 명의 풀 베는 사람들이 마시게 했다. 그들은 그에게 무척 고마워했다.

"친구여, 우리가 무엇을 하길 바라는가?"

"언젠가 저에게 좋은 일을 해 주십시오."

그는 이런 방식으로 베나레스를 찾아오는 무역상들과도 친분을 쌓았다. 머지않아서 그는 말을 파는 상인이 내일 오백 필의 말을 끌고 도시에 온다는 정보를 얻었다.

그는 곧바로 풀 베는 사람들을 찾아가서,

"오늘 여러분 모두 제게 풀 한 다발씩 주시고 제가 그것들을 다 팔기 전에는 여러분의 풀을 팔지 말아 주십시오."라고 말했다.

"그렇게 하겠네!"

그들은 오백 개의 풀 다발을 그에게 가져다주었다.

다음 날 말을 파는 상인이 도시에 도착했을 때 그는 말들을 먹일 풀을 구할 수 없었고 결국 청년에게 천 개의 동전을 주고 풀을 샀다.

며칠 후, 청년은 다시 커다란 선박이 값나가는 물건들을 가득 싣고 항구에 도착한다는 정보를 얻었다.

'좋은 기회가 되겠어.'

청년은 하인을 고용했고, 도시에서 가장 멋진 마차를 빌려 타고

나를 바라보는 마음

항구로 갔다. 그런 그의 모습이 무척 인상적이었기 때문에 그는 고작 인장을 새긴 반지 하나를 담보로 하여 배에 실린 모든 물건의 소유권을 얻을 수 있었다. 다음으로 그는 하인에게 항구에 큰 장막을 세우고 예를 갖추어 상인들을 맞이하게 했다.

그의 예상대로 배가 도착했다는 소식을 들은 백 명의 상인들이 항구로 모여들었다. 그들에게 청년의 하인은,

"위대한 상인께서 이미 모든 물건을 소유하고 계십니다."라고 말했다.

백 명의 상인들은 청년을 찾아갔다. 그들은 청년에게 각자 천 개의 동전을 주고 배에 실린 모든 물건의 절반을 받았고, 다시 십만 개의 동전을 주고 나머지 절반을 넘겨받았다.

츌라카의 제자는 이십만 개의 동전을 가지고 베나레스로 돌아갔다. 그리고 그의 재상에게 십만 개의 동전을 바쳤다.

"훌륭한 청년이여, 이 모든 부를 어떻게 얻었는가?"

"당신이 넉 달 전 하신 말씀을 따랐을 뿐입니다."

청년은 재상에게 죽은 쥐에서 시작된 모든 일들을 이야기했다.

청년의 이야기를 들은 재상은 그를 딸과 혼인시켰고 가족의 재산을 관리하게 하였다. 그리고 재상이 죽자 청년은 재상의 자리를 이어받았다. 그는 훌륭한 재상으로 살다가 그의 복에 따라 세상을 떠났다.

이야기를 마치며 부처는 이렇게 말했다.

"재상의 뛰어난 제자가 지금 츌라판타카이고, 위대한 재상 츌라카가 바로 나다. 츌라판타카는 전생에 나를 따라 재상이 되었고, 이제는 나를 따라 깨달은 자가 되었다."

나를 바라보는 마음

"재능이 있다는 것은
아주 하찮은 존재로
시작할 수 있다는 것이다."

늦었다고 생각할 때가
가장 빠를 때이다

이 이야기는 부처가 제타바나에 머물 때 제자들에게 들려준 것이다.

"너희는 무엇을 이야기하고 있는가?"

"주인이시여, 당신께서 세상과의 인연을 끊어내신 위대한 일을 이야기하고 있었습니다."

"선지자가 세상과의 인연을 끊은 것은 처음이 아니다."

오래전, 비데하의 땅 미틸라에는 '마카데바'라는 훌륭한 왕이 있었다. 그는 팔만 사천 년이라는 긴 시간 동안 미틸라를 다스린 통치자였다. 하루는 그가 그의 이발사에게,

"흰머리가 보이면 내게 알려주게."라고 말했다.

그 후로 오랜 시간이 지나고 나서 이발사가 왕의 검은 머리카락 사이에서 흰 머리카락을 찾아냈다.

"왕이시여, 흰머리가 있습니다!"

"친구여, 그렇다면 뽑아서 나에게 주게."

이발사는 황금 족집게로 흰 머리카락을 뽑아 왕의 손 위에 올려놓았다. 왕은 자신의 수명이 아직 많이 남았다는 것을 알고 있었지만 흰 머리카락을 보고 수심에 잠기었다. 마치 죽음의 왕이 그에게로 걸어오는 것처럼, 또는 불타는 집 안에 앉은 것처럼 느껴졌다. 왕은,

'이 멍청한 마카데바는 흰머리가 날 정도로 오래 살았으면서 여전히 마음이 나약하구나!'라고 스스로 다그쳤다.

그러나 그가 마음을 다잡으려 할수록 근심은 깊어졌고 그의 몸에서는 땀이 흘러 옷이 축축해질 정도였다.

"오늘부터 나는 세상을 떠나 수행하는 삶을 살겠다!"

왕은 첫째 아들을 불렀다.

"아들아, 내게서 흰머리가 났다. 나는 노인이 되었고 살아갈 희망을 잃었다. 이제 나는 천국에 가기 위해 세상을 버리려고 한다. 네가 나라를 물려받거라. 나는 나의 망고 숲으로 들어가 수행하면서 마음을 다스리는 삶을 살 것이다."

이 소식을 들은 장관들이 왕을 찾아갔다.

"왕이시여, 어찌하여 세상을 버리시나이까?"

그러자 왕이 흰 머리카락을 손에 들고 암송하였다.

여기 흰 머리카락은
천사가 나타난 것이다.
천사가 와서 내 손 위에
내 삶의 저녁을 올려놓았다.

왕은 그날로 그의 망고 숲으로 들어가 은둔자가 되었다. 그는 팔만 사천 년 동안 수행하여 완전한 선을 깨닫게 되었다. 그가 죽은 뒤에 그는 브라마의 천국에서 다시 태어났고, 그곳에서의 시간이 끝나자 미틸라의 왕으로 다시 태어나 헤어졌던 그의 가족을 만났다. 그 후에는 다시 망고 숲으로 들어가 수행하였고, 다시 완전한 선을 깨닫고 행하여 브라마의 천국으로 돌아갔다.

이야기를 마치며 부처는 이렇게 말했다.

"나는 몇 번이고 세상과 인연을 끊었다. 어떤 이는 열반으로 가는 첫 번째 삶을 살고 있고, 어떤 이는 두 번째, 어떤 이는 세 번째의 삶을 살고 있다. 당시 왕의 이발사가 지금 아난다이고, 왕자가 라훌라*이고, 마카데바 왕이 바로 나다."

*부처의 친자식이자 십대제자 중 한 사람.

"다가오는 죽음을 느끼는 것은
삶이 남았다고 느끼는 것이다."

당신의 삶이 불안하다면
여행을 떠나라

어느 날 부처의 제자 바디야가 자신이 왕이었을 때 자신을 보호하기 위해 철옹성 같은 왕궁에 살며 침실을 벗어나지 못했던 것이 자신을 얼마나 불안하게 했는지 깨달았다. 그리고 지금은 아라한이 되어 이곳에서 저곳으로, 숲에서 들로 떠돌며 얼마나 자유롭게 사는지를 깨달았다.

"오, 행복이여! 행복이여!"

다른 제자들이 부처에게 바디야가 행복에 겨워하는 이유를 물었다.

부처는,

"바디야의 마음이 행복으로 가득한 것은 처음이 아니다."라고 말하며 제자들에게 전생의 비밀을 이야기했다.

오래전, 브라마닷타가 베나레스를 다스릴 때, 베나레스의 북서부 지역에서 보살이 부유한 브라만으로 태어났다. 그는 세속적인 욕망의 해로움과 수행하는 삶의 유익함을 깨닫고 은둔하는 삶을 살기 위해 히말라야로 갔다. 그는 여덟 가지 도리를 깨우쳐 실천하였고 머지않아 오백 명의 제자들을 이끌게 되었다.

많은 비가 내리는 계절이 되자 보살은 제자들과 함께 도시와 마을을 여행하였고, 왕의 후원을 받아 베나레스에 머물게 되었다. 그곳에서 넉 달을 지냈고, 장마가 끝나자 보살은 왕에게 작별을 고했다. 그러나 왕은 그를 붙잡으며,

"선생께서는 이제 연로하시니, 제자들만 돌려보내시고 이곳에 남으십시오."라고 권유했다.

그러자 보살은 그의 수제자를 불러,

"너는 제자들과 함께 히말라야로 돌아가거라. 나는 이곳에 남겠다."라고 말하고 앞으로 그가 제자들을 이끌도록 했다.

이 수제자는 왕자로 태어났으나 깨달음을 얻기 위해 왕궁을 떠

난 고귀한 자였다. 그는 제자들을 이끌고 히말라야로 돌아가 수행했고, 스승처럼 여덟 가지 도리를 깨우쳐 실천했다.

하루는 그가 스승을 그리워했다. 그는 제자들에게,

"너희는 이곳에 있거라. 나는 스승님을 뵙고 오겠다."라고 말하고 베나레스로 갔다.

베나레스에서 그는 스승을 만나 절하고 자리를 펴 스승의 옆에 앉았다. 그때 왕이 스승을 만나러 왔지만, 그는 일어나서 왕을 맞이하지 않고 자리에 누워 기쁨의 노래를 불렀다.

"오, 행복이여! 오, 행복이여!"

왕은 그가 자신을 보고도 자리에 누워 노래를 부르는 모습을 불쾌해했다.

"당신의 제자는 히말라야에서의 수행보다 이곳에서의 생활이 즐거운가 봅니다."

그러자 보살은,

"왕이시여, 나의 제자는 과거에 당신처럼 왕이었습니다. 그는 지금, '왕의 즐거움을 느끼며 많은 하인을 거느릴 때도 이처럼 즐거운 적은 없었다.'라고 생각하여 수행하는 삶의 행복을 노래하는 것입니다."라고 대답했다.

그리고 보살은 왕을 위해 이렇게 읊었다.

자신을 지킬 필요가 없는 자
자신을 지켜줄 사람이 필요 없는 자

그렇게 사는 자가 바로 왕이다!

　왕은 이것을 듣고 만족해하며 왕궁으로 돌아갔고, 수제자도 히말라야로 돌아갔다. 보살은 베나레스에 남아 죽음의 순간까지 수행하였고, 브라마의 천국에서 다시 태어났다.

　이야기를 마치며 부처는 이렇게 말했다.
　"당시 보살의 행복한 수제자가 지금 바디야이고, 수제자의 스승이 바로 나다."

나를 바라보는 마음

"행복하다는 것은
불안하지 않다는 것이다.
당신을 불안하게 놔두지 마라."

힘들 땐
도움을 받아라

　라자가하의 쿠마라 카사파는 부유한 상인의 딸이었다. 그녀는 늘 덕을 선택하고 덕이 아닌 것을 거부했다. 그녀는 마지막 생을 살고 있었으며, 그녀의 마음속에는 아라한의 운명이 투명한 항아리 속의 등불처럼 빛나고 있었다. 그녀가 자신의 운명을 깨달은 후로 그녀는 세속적인 삶에서 어떤 즐거움도 느낄 수 없었고 오직 출가하기만을 원했다.

"어머니! 저는 제 삶이 전혀 즐겁지 않아요. 출가하여 부처님의 가르침을 받아 열반에 들고 싶어요. 부디 허락해주세요!"

"얘야, 무슨 소릴 하는 거니? 너는 이 부자 집안의 하나뿐인 자식이잖니. 절대로 출가시킬 수 없어."

그녀는 재차 애원했지만 끝내 부모님의 허락을 받을 수 없었다.

"그렇단 말이지? 그러면 나는 결혼을 해서 남편을 설득하겠어."

이후에 그녀는 결혼했다. 그리고 그녀가 임신하였을 때, 그녀는 자신이 임신한 사실을 몰랐다.

도시 전체에서 축제가 열렸다. 도시는 마치 신들이 사는 곳처럼 꾸며졌고 도시의 모든 사람이 거리로 나와 축제를 즐겼다. 그러나 그녀는 축제의 열기가 최고조에 달한 때에도 꾸미지도, 차려입지도 않고서 평소와 같은 모습으로 있었다. 그러자 남편이 그녀에게 말했다.

"여보, 도시 전체가 축제에 빠졌는데 당신은 전혀 꾸미지 않았네요."

"몸은 단지 서른두 가지의 물질들로 이루어졌을 뿐이에요. 꾸미는 게 무슨 이득이 있을까요? 몸에는 천사와 같은 신성함이 없어요. 황금이나, 보석이나, 백단향도 아니고요. 연꽃에서 태어난 것도 아니고 꿀과 향유로 차 있지도 않아요. 몸은 어머니의 자궁에서 나와서 부패하고 소멸하죠. 몸은 고통의 원인이고, 슬픔을 느끼게 하고, 병에 걸리게 해요. 몸은 카르마를 담는 그릇이고, 그 끝은 어둡고 음침한 무덤 속이에요! 맙소사! 이 몸을 꾸민다고요? 무덤을 칠하는 것과 뭐가 다르죠?"

"여보! 당신이 그렇게 몸을 죄악시한다면 왜 출가하지 않나요?"

"당신이 허락해준다면 오늘이라도 당장 떠나겠어요!"

"알겠어요, 내가 허락할게요."

그는 많은 돈을 기부해 그녀를 수행자가 되게 했고 그녀는 드디어 수행자가 됐다는 사실에 즐거워서 어쩔 줄 몰라 했다.

시간이 흐르며 그녀의 뱃속에서 아기가 점점 자라자 다른 수행자들이 그녀의 부어오르는 손발과 커지는 배를 알아차리고 그녀에게 물었다.

"자매, 아기를 가진 것처럼 보이네요. 어떻게 된 일인가요?"

"자매들, 저도 어떻게 된 일인지 모르겠어요. 저는 서약을 지켰어요."

그녀들은 그녀를 데바닷타에게 데려갔다.

"스승이시여! 이 젊은 자매는 어렵게 남편의 동의를 받아 무리에 들어왔습니다. 그러나 지금 이 자매는 분명히 아기를 가지고 있습니다. 저희는 그녀가 출가하기 전에 임신한 것인지, 출가한 뒤에 임신한 것인지 모르겠습니다. 이 자매를 어떻게 해야 할까요?"

데바닷타는 부처가 아니며 인내심과 친절함과 자비심이 없었다.

'만에 하나 데바닷타의 수행자가 아이를 가졌다는 소문이 난다면 나는 사람들에게 수치를 당할 것이다. 이 여자를 내쫓아야 한다!'라고 생각한 데바닷타는 주저함 없이 마치 돌멩이 하나를 걸어차듯,

"이 여자를 무리에서 내쫓아라!"라고 대답했다.

그녀들은 데바닷타에게 인사하고서 그녀를 데리고 숙소로 돌아왔다. 그녀는 그녀들에게,

"자매들! 데바닷타는 부처가 아니에요! 저는 그자가 아니라 존귀하신 부처님께 배우고자 수행자가 됐어요. 제게서 기회를 빼앗지 말아 주세요. 부디 저를 제타바나에 있는 부처님께 데려가 주세요!"라고 말했다.

그들은 그녀를 데리고 사십 리그˙를 걸어 제타바나로 가서 부처님께 절하고 자초지종을 말하였다.

부처는,

'아이는 속세에서 가진 것이나, 이대로 넘어간다면 단지 고타마 싯다르타가 데바닷타에게 추방당한 여자를 받아들였다는 말을 듣게 될 것이다.'라고 생각했다.

그리하여 다음 날 부처는 코살라의 왕 파세나디와 아나타핀디카 형제와 미가라의 어머니 위사카˙˙와 다른 고명한 제자들을 불렀다. 그리고 그날 저녁 모든 수행자가 모인 자리에서 장로 우팔리에게,

"종단의 이름으로 이 아이에게 일어난 일을 밝히거라!"라고 말했다.

장로는 파세나디 왕 앞에서 미가라의 어머니 위사카에게,

"위사카, 너는 이 가여운 아이가 몇 날 며칠 출가하였는지 확인하고 아이를 밴 것이 그 전인지, 그 후인지 결론을 내려다오."라고

˙약 200 km에 달한다.
˙˙부처의 제자 중 가장 뛰어난 여성. 청신녀라고도 부른다.

75

말했다.

위사카는 그녀를 커튼 뒤로 데리고 가 조심스럽게 조사하였다. 그리고 그녀가 속세에 머물 때 임신한 것이 사실이라고 결론 내렸다. 위사카는 장로에게 이 사실을 전했고, 장로는 모든 이들이 모인 자리에서 그녀의 무죄를 선언하였다.

결백을 증명한 그녀는 부처에게 절하고 다른 수행자들과 함께 라자가하로 돌아왔다. 머지않아 그녀에게 산기가 왔고, 그녀는 자신이 미륵 부처의 발 앞에서 소원한 대로 강인한 영혼을 가진 아기를 낳았다.

어느 날, 파세나디 왕이 수행자 숙소 앞을 지나다가 아기의 울음소리를 듣고 장관들에게 그 연유를 물었다. 그들은,

"왕이시여! 그때의 젊은 여자가 아들을 낳아 울음소리가 들리는 것입니다."라고 대답했다. 왕은,

"수행에 방해가 될 터이니 내가 데리고 가겠다."라고 말하고 아기를 데려가 왕자로 키웠다. 이름을 지어줄 때가 되자 왕은 아이에게 '카사파'라는 이름을 지어주었고 아이는 왕궁에서 '카사파 왕자'라고 불리게 되었다.

일곱 살이 되자, 카사파 왕자는 출가하여 부처 아래에서 수행했다. 시간이 흐르자 그는 부처의 제자들 가운데서 가장 유창하게 말하게 되었다. 부처는,

"제자들아! 많은 수행자 가운데 카사파 왕자가 가장 유창하게 말한다."라고 그를 인정하였다.

훗날 카사파 왕자는 아라한에 이르렀고, 그의 어머니 또한 열반에 도달했다. 그들은 브라마의 천국에 뜬 보름달 같은 존재가 되었다.

어느 날, 식사를 마친 자리에서 부처의 제자들이,

"카사파 왕자와 그의 어머니는 데바닷타로 인해 파멸할 뻔했다. 데바닷타는 관용과 친절함이 없으나 존귀하신 부처님은 정의로운 왕이시며 친절하시고 자비가 넘치시어 그들을 구원하셨다!"라고 이야기하였다.

"무슨 이야기를 하고 있는가?"

부처가 그들에게 다가가 물었다.

"주인이시여! 당신의 위대함을 이야기하고 있습니다!"

"제자들아, 미륵이 그 둘을 구한 것은 이번이 처음이 아니다."

"당신의 문제를
혼자 짊어지지 마라."

연민하는 마음을
가져라

오래전, 브라마닷타가 베나레스를 통치할 때, 보살이 사슴으로 태어났다. 그가 태어났을 때 그는 황금처럼 빛났으며 눈은 보석과 같았고 뿔은 은처럼 희었다. 그의 입은 카마라 꽃처럼 붉었고 발은 옻칠을 한 듯이 밝고 단단하였으며 꼬리는 티베트 소와 같았고 몸은 망아지처럼 컸다.

그는 '사슴 왕 반얀'이 되어 오백 마리의 사슴 무리와 함께 숲에서 살았다. 근처에는 원숭이를 닮은 사슴이 다스리는 다른 한 무리의 사슴들도 살았는데, 원숭이를 닮은 사슴 또한 황금빛 털을 가지고 있었다.

당시 브라마닷타 왕은 고기를 너무나도 좋아하여서 마을의 모든 사람을 데리고 매일같이 사냥에 나섰다. 마을 사람들은 다른 생활이 불가능할 정도로 왕의 사냥에 시달려야 했다.

"이대로라면 우리는 끝장날 거야. 사슴들을 울타리에 가둬서 왕에게 바치자!"

마을 사람들은 울타리를 세우고, 그 안에 사슴들이 먹을 풀을 심고, 튼튼한 문을 달았다. 그리고 모두 한데 모여 각자 무기를 들고 숲으로 들어갔다.

"우두머리를 잡는 게 최고야!"

그들은 반얀 왕의 사슴 무리와 원숭이를 닮은 사슴의 무리가 사는 곳을 에워싸서 포위했다. 그리고 나무와 덤불을 흔들고 땅을 구르며 사슴들을 숲에서 내보냈고, 방패를 두들기며 몰이한 다음 울타리의 문을 걸어 잠갔다. 사람들이 왕에게 가서 말했다.

"왕이시여! 당신의 계속된 사냥으로 저희는 모든 일을 멈추게 되었습니다. 저희가 숲에서 많은 사슴을 데려와 울타리에 가뒀으니, 이제는 그것들을 잡아드소서!"

왕이 듣고서 사슴들을 보러 갔다. 그는 황금빛 털을 가진 두 마리의 사슴을 보고 기뻐하며 그들만큼은 살려두라고 했다. 그 후로 왕은 직접 가서 사슴을 잡아 오거나 요리사를 보내 사슴을 잡아 오게 시켰다. 사슴들은 자신들을 겨누는 활을 보고 죽음의 공포를 느끼며 도망쳐 다녔지만 이내 화살을 맞고 다치거나 죽었다. 보살은 원숭이를 닮은 사슴을 찾아갔다.

"친구여, 거의 모든 사슴이 화살에 맞아 다쳤어. 우리는 분명 죽을 테지만 더 이상 화살에 맞지 않도록 해야 하네. 처형당할 순서를 정하도록 하세. 하루는 내 무리에서, 하루는 자네의 무리에서 차례대로 가서 무릎을 꿇고 목을 내놓기로 하세. 이렇게 하면 적어도 화살에 찢긴 상처로 고통스럽지는 않을 거야."

그들은 이렇게 하기로 하였고 다음 날부터 자신의 차례를 맞이한 사슴이 요리사 앞으로 나아가서 무릎을 꿇고 목을 내놓았다.

어느 날 원숭이를 닮은 사슴의 무리에서 젊은 암사슴이 자신이 죽을 차례가 되자 원숭이를 닮은 사슴을 찾아가,

"주인이시여! 저는 새끼를 배었습니다. 새끼를 낳은 후에 제 차례를 맞이할 수 있도록 허락해주세요!"라고 애원했다.

그러나 원숭이를 닮은 사슴은,

"허락할 수 없다. 너의 차례가 되었으니 어서 가거라!"라고 하며 그녀를 돌려보냈다.

그녀는 이번엔 보살을 찾아가 사정했다. 보살은 그녀의 말을 듣고,

"그렇게 하여라. 내가 너를 대신하겠다."라고 하더니 앞으로 나

가서 무릎을 꿇고 목을 내밀었다.

그러자 왕의 요리사는,

'사슴의 왕이 스스로 죽으러 나오다니 이게 무슨 일인가?'하고 생각하여 급히 왕에게 가서 보고하였다. 왕은 그 소식을 듣자마자 마차를 타고 그곳으로 향했다.

"사슴의 왕이여! 내가 너의 목숨을 빼앗지 않겠다고 하지 않았는가? 왜 여기서 무릎을 꿇고 있는가?"

"오, 왕이시여! 새끼를 밴 암사슴이 저에게 와 자신의 차례를 피하게 해 달라고 하였습니다. 그러나 그녀의 끔찍한 운명을 다른 누구와도 바꿀 수 없으니 제가 대신하여 목숨을 내놓기로 하였습니다. 왕이시여, 지체하지 마소서!"

"나의 황금빛 왕이여! 나는 사람 가운데서도 이토록 관대하고, 친절하고, 자비로운 존재를 본 적이 없다네. 일어나게나! 내가 자네와 그 암사슴의 목숨까지 지켜주겠네!"

"왕이시여, 그러나 나머지는 어찌합니까?"

"왕이여, 그들의 목숨 또한 빼앗지 않겠네."

"그러나 왕이시여, 울타리 밖에 있는 사슴들은 어찌합니까?"

"그들도 해치지 않겠네."

"위대한 왕이시여! 그렇다면 다른 네발 달린 동물들은 어찌합니까?"

"그들 또한 자유롭게 두겠네."

"오, 위대한 왕이시여! 그렇다면 새들은 어찌합니까?"

"그들도 죽이지 않겠네."

"그러나 왕이시여! 물에 사는 물고기들은 어찌합니까?"

"그들도 평화롭게 살도록 두겠네."

이리하여 위대한 보살은 왕을 설득해 모든 생명을 구했다.

"오, 위대한 왕이시여! 아비와 어미에게, 아들과 딸에게, 부유한 자와 가난한 자에게 자비를 베푸시어 당신의 몸이 소멸하였을 때 천국에 오르소서!"

사슴들이 살던 숲으로 돌아간 뒤 암사슴은 꽃봉오리처럼 아름다운 새끼를 낳았고, 새끼는 자라서 어머니의 말을 따라 반안 왕을 섬기게 되었다.

어느덧 자신들이 안전하다고 느끼게 된 사슴들은 마을 사람들의 농작물을 먹기 시작했다. 사람들은 왕을 찾아가 하소연했지만 왕은,

"내 왕국을 포기하더라도 내 서약은 포기할 수 없다!"라고 말하며 사람들이 사슴을 해치지 못하게 했다.

이 소식을 들은 보살은 무리가 마을 사람들의 작물을 먹는 것을 금지하였고, 마을 사람들에게는 밭의 가장자리를 매어두면 사슴들이 그곳을 넘어가지 않게 하겠다고 약속하였다. 실제로 사슴들은 보살의 명령을 지켜 그 후로는 밭을 넘지 않았다.

보살은 평생 그의 무리를 돌보다가 그의 복에 따라 세상을 떠났고, 왕 또한 보살을 따라 살다가 그의 복에 따라 세상을 떠났다.

이야기를 마치며 부처는 이렇게 말했다.

"당시 원숭이를 닮은 사슴이 지금 데바닷타이고, 암사슴이 데바닷타가 쫓아냈던 죄 없는 여인이고, 암사슴의 새끼가 카사파 왕자이고, 왕이 아난다이고, 자비로운 사슴 왕 반얀이 바로 나다."

"연민 없는 세상에서는
누구도 살아남을 수 없다."

사랑은
당신을 동정하지 않는다

오래전, 마가다 왕이 라자가하를 다스릴 때 추수철이 되면 많은
사슴이 곡식을 훔쳐먹다가 사람들 손에 죽었다. 그래서 사슴들은
추수철이 되면 숲을 떠나 산으로 들어갔다.

한번은, 산에 사는 수사슴이 숲에서 온 암사슴을 만났다. 수사슴
은 사랑에 빠졌고, 추수철이 끝나자 암사슴을 따라 산에서 내려왔

다.

암사슴이,

"이보세요. 당신은 산에 사는 사슴이에요. 인간들이 사는 곳은 당신이 살기에 아주 위험하고 까다롭답니다. 산으로 돌아가세요!" 라고 말해도 사랑에 빠진 수사슴은 그 말을 듣지 않았다.

마을 사람들은 사슴들이 언덕을 내려올 시기가 되었다는 것을 알고서 길에 매복해 있었다. 그리고 그 둘이 가는 길에는 한 사냥꾼이 수풀에 몸을 숨기고 있었다.

암사슴은 인간의 냄새를 맡고,

'저기에 사냥꾼이 있구나.'라고 생각하여 어리석은 수사슴을 앞에 가게 두고 자신은 뒤를 따라갔다. 그 순간, 사냥꾼이 쏜 화살이 날아와 수사슴에게 명중하였고 그걸 본 암사슴은 바람과 같이 달아났다.

사냥꾼은 수풀에서 나와 사슴의 가죽을 벗기고, 불을 피우고, 타오르는 숯불에 고기를 굽고, 먹고, 마셨다. 그리고 피가 뚝뚝 흐르는 남은 것을 들고 집으로 가서 자식들을 먹였다.

당시 보살은 나무의 정령이었는데, 그 일어난 일을 보고 혼자 말하였다.

"사냥꾼 때문도 아니고, 암사슴 때문도 아니고, 자신의 욕망 때문에 이 불쌍하고 어리석은 사슴이 죽었다! 어리석은 생물들은 정열이 타오르기 시작하는 새벽에 자신들이 축복받았다고 생각하지만 결국 끔찍한 고통 속에서 팔이나 다리를 잃거나 모든 종류의 슬픔을 맛보게 된다. 어리석은 이들에게 슬픔과 죽음을 선사하는 여자보다 더 잔인한 것은 무엇인가? 여자가 다스리는 나라보다 더 비열한 곳은 어디인가? 여자에게 조종당하는 남자보다 더 비참한 것은 무엇인가?"

그러자 다른 정령들이 나무에서 나와 그에게 꽃을 던지며 박수와 갈채를 보냈고, 그는 다음과 같이 노래를 불렀다.

남자의 심장을 찢는 끔찍한 사랑의 화살!
여자가 지배하는 어리석은 땅!
여자의 힘에 굴복한 멍청한 남자들!

이야기를 마치며 부처는 이렇게 말했다.

"당시의 수사슴이 지금 아내를 그리워하는 수행자이고, 암사슴이 그가 버리고 온 아내이고, 정열의 해로움을 설교하는 나무 정령이 바로 나다."

"사랑에 빠진 사람은
길을 가다 화살에 맞아
죽을 수도 있다."

당신은
욕망을 이길 수 없다

부처가 라자가하 근처의 대나무 숲에 머무르고 있을 때, 하루는 '티사 왕자'라는 이름의 매우 부유하고 명예로운 가문의 청년이 부처를 만나러 왔다. 그곳에서 부처의 가르침을 받은 그는 수도하는 삶을 살고 싶어졌다. 그의 부모는 아들이 떠나는 것을 허락하지 않았지만, 그는 랏타팔라*가 했던 것처럼 이레 동안 음식을 거부하여 결국 부모의 허락을 받아냈다. 그는 부처를 찾아가 서약했

─────────

*좋은 가문 출신의 부처의 제자.

다.

부처는 대나무 숲에서 보름을 더 머물고 제타바나로 갔고, 부처의 제자가 된 청년은 사밧티로 가서 음식을 구걸하며 욕망을 다스리는 열세 가지 방법을 실천했다. 그리하여 그는 사람들에게 '음식을 이긴 티사'라고 불리었고, 부처의 제자들 가운데서도 특히 이름을 알리게 되었다.

하루는 라자가하에서 축제가 열렸는데, 그의 어머니가 그의 보석들을 전부 은으로 된 상자에 넣으며, 흐느끼면서,

"축제가 열리면 우리 아들은 늘 보석으로 치장했는데, 고타마'가 티사를, 우리 아들을 사밧티로 데려갔어! 우리 아들을 빼앗아 갔어!"라고 말했다.

그때, 그 집에서 일하던 여자 노예가 부인이 우는 것을 보고,

"주인님! 왜 우시나요?"라고 물었고, 부인은 그녀에게 사정을 이야기했다.

"그렇다면 주인님, 아드님이 가장 좋아하는 음식을 아시나요?"

"알고 있지."

부인은 그녀에게 아들이 가장 좋아하는 음식을 가르쳐 주었다.

"만약 당신께서 저에게 이 집안의 이름을 주신다면 제가 가서 아드님을 데려오겠습니다."

부인은 그녀에게 많은 돈을 주고 하인들을 붙여서 떠나게 했다.

"가서 네 힘으로 우리 아들을 데려와다오."

그리하여 여자는 가마를 타고 사밧티로 향했고, 티사가 구걸하

'출가하기 전 부처의 이름은 고타마 싯다르타이다.

는 거리에 도착했다. 그리고 티사를 발견한 그녀는 그에게 자신이 그의 부모가 보낸 사람이라는 사실을 숨기고 그 거리에서 가장 먼저 음식을 제공했다. 그녀는 맛의 욕망으로 그를 사로잡아 그가 그녀의 집을 찾아오게 했고, 그가 완전히 욕망에서 벗어날 수 없게 되자 병을 핑계로 방에 들어가 나오지 않았다.

다음번 구걸할 때도 수행자는 그 집을 찾아갔고, 이번에는 하인이 그를 집안으로 데려가 앉힌 다음 그의 그릇을 가져갔다.

"숙녀분에게 무슨 일이 있소?"

"주인님이 아프십니다. 그리고 당신을 뵙길 바라십니다."

그는 맛의 욕망을 이기지 못해서 계율과 서약을 깨고 그녀가 누워있는 방으로 갔다. 그러자 그녀는 자신이 이곳에 온 이유를 말하였고 그를 유혹해서 맛의 욕망으로 지배했다. 결국 그녀는 그를 자신의 가마에 태워 라자가하로 돌아갈 수 있었다.

소문은 금세 퍼졌고 모든 수행자가 법당에 모여,

"여자 노예가 티사를, 음식을 이긴 티사를 데려갔다! 그를 맛의 욕망으로 지배했다!"라고 떠들어댔다.

그때 부처가 법당으로 들어와 자리에 앉았다.

"무슨 이야기를 하고 있는가?"

그들은 부처에게 티사가 떠난 소식을 전했다. 부처는,

"저 수행자가 맛의 욕망에 사로잡혀 그 여자에게 굴복한 것은 이번이 처음이 아니다."라고 말하며 이야기를 시작했다.

브라마닷타가 베나레스를 다스릴 때, 왕에게는 '산자야'라는 이름의 정원사가 있었다. 하루는 뿔 달린 양이 왕의 정원에 들어왔다가 산자야를 보고 잽싸게 달아났다. 그러나 산자야는 쫓지 않았고, 그 뒤로 뿔 달린 양은 가끔 정원을 찾아와 거닐게 되었다.

산자야는 매일같이 정원에서 과일과 꽃을 따다가 왕에게 바쳤는데, 어느 날 왕이 산자야에게 물었다.

"충직한 정원사여, 근래 정원에서는 별일이 없었는가?"

"왕이시여, 아무런 일도 없었습니다. 다만 종종 뿔 달린 양이 찾아와 배회할 뿐입니다."

"그것을 잡지 그랬는가?"

"만약 제게 꿀을 조금 주신다면 뿔 달린 양을 여기로 데려오겠습니다."

왕은 산자야에게 꿀을 줬다.

정원으로 돌아온 산자야는 뿔 달린 양이 자주 나타나는 곳에 난 풀에다가 왕에게 받은 꿀을 발랐다. 이윽고 뿔 달린 양이 나타나 꿀 바른 풀을 먹었고, 뿔 달린 양은 맛의 욕망에 빠져 다른 곳에는 가지 않고 오직 정원으로만 오게 되었다. 그걸 본 산자야는 드디어 뿔 달린 양 앞에 나타났고, 뿔 달린 양은 처음에는 그를 보고 도망쳤지만 조금씩 그에게서 꿀 바른 풀을 받아먹게 되었다. 머지않아 뿔 달린 양이 완전히 자신을 신뢰한다고 판단한 산자야는 꿀을 담은 항아리를 어깨에 메고, 허리에는 풀 한 묶음을 차고, 길을 따라 꿀 바른 풀을 뿔 달린 양 앞에 놓아가며 궁궐로 갔다.

산자야와 뿔 달린 양이 궁궐 안으로 들어서자 사람들은 문을 닫았다. 뿔 달린 양은 그제야 인간들을 보고 공포에 질려서 날뛰기 시작했다. 왕이 그 날뛰는 생물을 보고 계단에서 내려와,

"뿔 달린 양의 본성이란 본디 이런 것이다. 이것은 본래 사람을 본 곳에는 한동안 가지 않고, 위험을 느낀 곳에는 평생 가지 않는다. 그러나 이 뿔 달린 양은 그러한 기질을 가졌으면서도 맛의 욕망에 빠져 숲을 벗어나 이곳에 왔다. 참으로 이 세상에서 맛의 욕망보다 사악한 것은 없구나!"라고 말했다.

그리고 왕은 이렇게 읊은 뒤 뿔 달린 양을 숲으로 돌려보냈다.

옛사람은 이렇게 말한다.
자신이 가장 안전한 곳에서도
욕망에 당할 수 있다고.

이야기를 마치며 부처는 이렇게 말했다.
"당시의 산자야가 지금의 그 여자 노예이고, 맛의 욕망에 빠진 뿔 달린 양이 티사이고, 베나레스의 왕이 바로 나다."

"욕망을
이길 수 있는 인간은 없다.
단지 피해 다닐 뿐이다."

아름다움을
잃지 마라

부처가 라자가하 근처 대나무 숲에서 지낼 때, 데바닷타가 부처에게 다섯 가지 계율을 질문했으나 기대하는 답을 듣지 못하였다. 그는 분열을 일으켜 오백 명의 수행자들을 데리고 가야시사 바위로 갔다.

얼마 후 부처는 데바닷타를 따라나선 수행자들의 의심이 사라진 것을 알고 사리불에게,

"사리불아! 오백 명의 제자들이 데바닷타를 따라갔지만 이제 그들의 마음이 열렸으니 가야시사에 가서 그들에게 올바른 길을 가르치고 그들을 데려오거라."라고 말하였다.

사리불은 가서 그들을 가르쳤고, 다음 날 오백 명의 수행자들을 이끌고 대나무 숲으로 돌아왔다. 사리불이 부처에게 인사하고 그 옆에 서자 수행자들이 사리불을 드높였다.

"사리불은 얼마나 훌륭합니까! 사리불의 가르침에 오백 명의 제자들이 돌아왔고 데바닷타에게는 이제 한 명도 남지 않았습니다!"

그러자 부처는,

"사리불이 승리하여 데바닷타의 제자들을 빼앗아 온 것은 처음이 아니다."라고 말하며 제자들에게 전생의 비밀을 이야기했다.

오래전, 라자가하는 마가다 왕에 의해 다스려졌다. 당시 보살은 사슴으로 태어나 숲에 살며 천 마리의 사슴을 이끌었다. 그에게는 자식이 둘 있었는데, '아름답다'라는 뜻의 '라카나'와 '갈색'이라는 뜻의 '카라'였다.

그가 늙자 그는 자식들을 불러,

"내 사랑하는 아이들아! 나는 이제 늙었다. 너희들이 무리를 이끌어라."라고 말하고 각자 오백 마리의 사슴을 돌보게 했다.

라자가하 땅에 추수철이 찾아오면 숲에 사는 사슴들은 위험에

처한다. 인간들은 작물을 훔쳐먹는 동물들을 죽이려고 여기저기에 구덩이를 파고, 덫을 놓고, 함정을 설치해서 많은 사슴이 죽게했다.

추수철이 다가오자 보살이 자식들을 불렀다.

"내 아이들아! 추수철이 오고 있다. 많은 사슴이 죽게 될 것이다. 우리는 늙어서 멀리 갈 수 없지만, 너희들은 무리를 이끌고 협곡으로 가서 지내다가 추수가 끝나면 돌아오도록 해라!"

아버지의 말에 라카나와 카라는 각자 무리를 이끌고 협곡으로 출발했다. 그러나 인간들은 이 사실을 잘 알고 있었다.

"이 시기에는 사슴 무리가 협곡으로 들어가지."

인간들은 협곡으로 가는 길목 여기저기에 숨어있다가 사슴들을 사냥하고 죽였다.

카라는 어리석어서 여행할 때와 여행하지 말아야 할 때를 구별하지 못했기 때문에 아침이든, 저녁이든, 새벽이든 할 것 없이 무리를 이끌고 이동했고, 인간들은 다양한 장소에서 다양한 방법으로 사슴들을 사냥했다. 결국 카라는 자신의 어리석음으로 인해 많은 사슴을 잃었다.

반면에 라카나는 지혜롭고 총명했다. 라카나는 낮도 아니고, 저녁이나 새벽도 아닌 오직 인간들이 잠든 한밤중에만 무리를 이끌고 여행했다. 그리하여 라카나는 협곡에 도착할 때까지 자신의 무리에서 단 한 마리도 잃지 않았다.

사슴 무리는 협곡에서 넉 달을 보냈고, 어느덧 추수철이 지나 숲으로 돌아가게 됐다. 카라는 돌아오면서도 많은 사슴을 죽게 하여 결국 혼자 숲으로 돌아왔다. 반면에 라카나는 역시나 단 한 마리도 잃지 않고서 오백 마리의 사슴을 이끌고 돌아왔다.

보살은 무리를 이끌고 돌아오는 위풍당당한 라카나를 보고 이렇게 노래했다.

저기 무리를 이끌고 돌아오는 아름다움을 보라!
그리고 모든 것을 잃은 어리석음을 보라!

이야기를 마치며 부처는 이렇게 말했다.

"사리불이 데바닷타를 이긴 일은 전생에서도 있었다. 당시의 카라가 지금 데바닷타이고, 라카나가 지금 사리불이고, 라카나의 무리가 부처의 제자들이다. 그들의 어머니가 라훌라이고, 아버지가 바로 나다."

"이긴다는 것은
잃지 않는다는 것이다.
당신의 아름다움을 잃지 마라."

02

세상을 바라보는 마음

다른 사람의 가치를
폄하하지 마라

부처가 제타바나에 기거할 때 장로 다바가 공양받은 쌀을 수행자들에게 나눠주는 일을 하였다. 수행자들은 때로는 햅쌀을 때로는 묵은쌀을 받았는데, 하루는 라루다이가 묵은쌀을 받고 법당에서 난동을 부렸다.

"어째서 다바가 남들보다 낫다는 것인가!"

부처가 이 소리를 듣고 아난다에게 말했다.

"소란이 있구나."

아난다는 부처에게 법당에서 일어난 일을 말하였다. 그러자 부처는,

"아난다, 이번만이 아니다. 라루다이는 과거에도 그의 어리석음으로 인해 다른 사람들에게 폐를 끼쳤다."라고 말했다.

아난다가 설명을 구하자 부처는 전생의 비밀을 이야기했다.

오래전, 브라마닷타가 베나레스를 다스릴 때, 우리의 보살이 그를 위해 물건의 가격을 결정하는 일을 했다. 보살은 말, 코끼리, 보석, 황금과 같은 물건들에 값을 매겼고, 물건의 소유자들을 위해 정확한 가격을 책정하였다.

그러나 왕은 탐욕스러웠다.

'이자가 이런 식으로 계속한다면 조만간 내게는 남는 게 하나도 없게 될 것이다. 다른 자에게 가격을 결정하도록 해야겠다.'

왕은 창문 밖으로 한 멍청한 농부가 왕궁 앞을 지나고 있는 것을 보았다. 왕은 그에게 가격을 결정하는 일을 맡기기로 했고 그를 자신의 집무실로 불러들였다. 멍청한 농부는 기뻐하며 왕의 명령을 받아들였다.

이후로 이 멍청한 자가 말과 코끼리의 값을 매기게 되었다. 그는 실제 가치와는 상관없이 물건의 값을 매겼고, 그의 결정대로 모든

물건의 가격이 정해졌다.

하루는 북부 초원에서 말 상인이 오백 필의 말을 끌고 도시로 왔다. 왕은 멍청한 자를 보내서 말 가격을 책정하도록 했다. 그는 오백 필의 말에 단지 쌀 한 컵의 값을 매겼고, 말 상인에게 쌀 한 컵을 주도록 하고서 오백 필의 말을 왕의 마구간으로 끌고 갔다.

말 상인은 이전에 지혜롭게 값을 매기던 보살을 찾아가서 자초지종을 이야기하고 도움을 구했다. 보살은 그에게,

"그자에게 뇌물을 주게."라고 말했다.

"그리고, '당신 덕분에 이제 오백 필의 말이 쌀 한 컵의 가치가 있다는 것을 알 수 있게 됐습니다. 하지만 제가 받은 쌀 한 컵의 가치는 여전히 모르겠습니다. 왕의 앞에 가서 저를 위해 쌀 한 컵의 가치를 매겨주실 수 있을까요?'라고 부탁하게. 만약 그가 그렇게 하겠다고 한다면 그를 따라 왕궁으로 가게나. 나도 그리로 가겠네."

말 상인은 보살의 지시대로 멍청한 자에게 가서 뇌물을 건넸다. 그리고 보살이 말한 대로 그에게 부탁했다. 그러자 그 멍청한 자는 기뻐하며,

"아주 좋아! 내가 너를 위해 쌀 한 컵의 값을 매겨주겠다."라고 말했다.

"그러면 함께 왕 앞으로 가시지요."

말 상인은 그를 데리고 왕 앞으로 갔고, 보살과 왕의 장관들도 그곳으로 갔다. 말 상인은 왕에게 엎드려 절하며,

"왕이시여, 저는 지난번 쌀 한 컵이 오백 필의 말과 같은 가치가 있다는 것을 알게 되었습니다. 이제는 제가 가진 이 쌀 한 컵의 가치를 알기 원하오니, 왕께서 가격 매기는 자에게 쌀 한 컵의 값을 매기도록 하시옵기를 바랍니다."라고 말했다.

왕은 앞날은 생각하지 못하고,

"아주 좋다! 그렇다면, 쌀 한 컵의 가치는 얼마인가?"하고 가격 매기는 자에게 물었다. 그러자 이 멍청한 자는,

"왕이시여, 쌀 한 컵의 가치는 이 베나레스 성안에 있는 것들과 성 밖에 있는 것들 전부를 합친 것과 같습니다."라고 대답했다.

이 멍청한 자는 처음엔 오백 필의 말에 쌀 한 컵의 값을 매겨 왕을 즐겁게 했다. 그러나 그는 말 상인의 뇌물을 받고 그 쌀 한 컵이 베나레스의 모든 것과 맞먹는 가치가 있다고 했다. 베나레스 성 성벽의 길이는 십육 리그˙이고, 베나레스의 영토는 이백 리그˙˙에 달한다. 이 멍청한 자는 이토록 거대한 베나레스의 모든 것에 쌀 한 컵의 값을 매긴 것이다!

보살과 장관들은 박장대소를 했다.

"우리는 왕의 광활한 영토에 차마 값을 매길 수 없다고 생각하였으나, 저자의 계산에 따르면 이 위대한 도시가 고작 쌀 한 컵의 값이로구나! 참으로 깊디깊은 지혜로다! 그야말로 우리의 왕에게 어울리는 자로다!"

사람들은 보살을 따라 다음과 같이 노래했다.

˙약 80km에 달한다.
˙˙약 1,000km에 달한다.

세상을 바라보는 마음

쌀 한 컵의 값은 얼마인가?
베나레스의 모든 것이다!
오백 필의 말은 얼마인가?
쌀 한 컵과 같다!

왕은 부끄러워하며 그 멍청한 자를 내쫓고 보살에게 다시 가격 매기는 일을 맡겼다. 이후로 보살은 많은 선행을 하다가 그의 복에 따라 세상을 떠났다.

이야기를 마치며 부처는 이렇게 말했다.
"그 멍청한 자가 지금 라루다이이고, 지혜롭게 값을 매기던 보살이 바로 나다."

"다른 사람의 가치를
평가하는 것은
그와 동시에 나의 가치를
평가하는 것이다."

다른 사람의 충고를
무시하지 마라

이 이야기는 부처가 제타바나에서 머물 때, 입이 험한 한 수행자에게 들려준 것이다.

"수행하는 자야, 네가 더러운 말을 하며 사람들의 충고를 듣지 않는다는 게 사실인가?"

"사실입니다!"

"너는 과거에도 거친 태도로 지혜를 거부하여 파멸에 이르렀다."

오래전, 브라마닷타가 베나레스를 다스릴 때, 보살은 수사슴으로 태어나 숲에서 그의 무리와 함께 살았다. 그에게는 '카라디야'라는 이름의 누나가 있었는데, 하루는 그녀가 새끼를 데리고 와서,

"동생아, 너의 조카에게 사슴이 도망치는 방법을 가르쳐 줘."라고 말했다.

보살은 시간과 장소를 정해서 조카가 배우러 오게 했지만, 보살의 조카는 약속한 때와 장소에 나타나지 않았다.

그 후로도 그는 삼촌에게 사슴이 도망치는 방법을 배우라는 어머니의 충고를 일곱 번 무시하고 마음껏 돌아다니다가 결국 사냥꾼의 함정에 걸리고 말았다.

그의 어머니가 보살을 찾아갔다.

"이제 어쩌면 좋으니 동생아! 네 조카가 사슴이 도망치는 방법을 알고 있니?"

"그 구제 불능인 녀석은 더 이상 생각하지 마세요!"

그리고 보살은 이렇게 읊었다.

누이여!
어느 사슴이 제아무리 잽싸고
뿔이 높을지라도
일곱 번을 거부한다면

세상을 바라보는 마음

아무것도 가르칠 수 없다!

 사냥꾼은 함정에 걸린 어린 사슴을 죽이고 그 고기를 챙겨 떠났다.

"당신을 걱정하는 사람들이
당신을 포기하게 하지 마라."

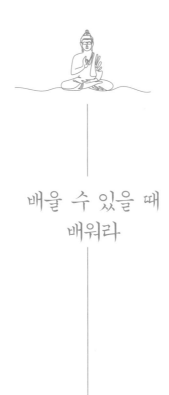

배울 수 있을 때
배워라

이 이야기는 부처가 코삼비에 있는 바다리카 사원에서 지낼 때, 계율을 지키지 못할까 봐 불안해하는 그의 아들 라훌라에게 들려준 이야기이다.

마가다 왕이 라자가하를 통치하던 시절이 있었다. 당시 보살은 수사슴으로 태어나 무리와 함께 숲에서 살았다.

하루는 그의 누이가 새끼를 데리고 그를 찾아와서,

"동생아! 네 조카에게 사슴이 도망치는 방법을 가르쳐 줘."라고 말했다.

"좋습니다."

그리고 보살은 조카에게,

"이 녀석아! 시간과 장소를 정해줄 테니 나를 찾아와 배워라."라고 말했다.

보살의 조카는 단 한 번도 빠지지 않고 정해진 시간과 장소로 보살을 찾아가서 훈련받았다.

그러던 어느 날, 보살의 조카가 숲을 돌아다니다가 사냥꾼의 함정에 걸리고 말았다. 그는 울음소리를 내서 동료들에게 자신이 잡혔다는 것을 알렸고, 도망친 다른 사슴들은 그의 어머니에게 아들이 함정에 걸렸다고 전했다.

그녀는 보살을 찾아갔다.

"동생아! 네 조카가 사슴이 도망치는 방법을 배웠니?"

"아들을 의심하지 마세요. 그 녀석은 사슴이 도망치는 방법을 아주 잘 알고 있습니다. 곧 돌아와서 어머니를 웃게 만들겠지요."

그리고 보살은 이렇게 읊었다.

내가 가르친 사슴은 가장 빠르고
한밤중에만 물을 마시고

세상을 바라보는 마음

무엇으로든지 위장할 수 있다.
어떤 자세든지 오래 유지할 수 있고
땅에 누워 한쪽 코로 숨 쉴 수 있다.
내 조카는 여섯 가지 기술로
적을 능가할 것이다!

　그러나 어린 사슴은 덫에 걸리고서 아무런 저항도 하지 않았다. 그는 단지 최대한 땅에 몸을 대고 누워서 다리를 쭉 뻗었다. 고개를 떨군 채로 혀를 길게 빼서 침을 흘렸고, 숨을 들이켜 배를 빵빵하게 부풀렸다. 그리고 한쪽 코로만 숨을 쉬며 자신을 움직이지 않는 시체처럼 보이게 했다. 그의 주변에는 파리떼가 날아다녔고, 까마귀들이 그 광경을 지켜볼 지경이었다!

　"아침 일찍 잡혔는지 벌써 상하는군."

　마침내 돌아온 사냥꾼은 어린 사슴의 배를 한 번 걷어차고서 사슴을 묶고 있던 밧줄을 풀었다. 사냥꾼은 아무런 의심도 없이 불을 지필 잔가지들을 모으며,

　"어쩔 수 없군. 여기서 바로 먹어야겠네."라고 말했다.

　바로 그때, 사슴은 땅에서 일어나 네 발로 서서 몸을 털고 목을 쭉 편 다음 구름처럼 달려 어머니에게 돌아갔다!

현생을 사는 이들을 위한 부처의 마음 수업

이야기를 마치며 부처는 이렇게 말했다.

"당시 배움을 게을리하지 않은 어린 사슴이 지금 라홀라이고, 그의 어머니가 우팔라반나˙이고, 그의 삼촌이 바로 나다."

˙두 번의 결혼에서 배신당하고 세상을 미워하며 몸을 팔다가 부처에게 구제받아 부처의 제자가 된 여성.

세상을 바라보는 마음

"당신의 부모와 당신의 스승을
자랑스럽게 하라."

모든 문제에는
정답이 있다

코살라국의 숲에 두 명의 수행자가 살고 있었다. 하나는 '어둠'
이라 불리었고, 다른 하나는 '빛'이라 불리었다.

하루는 빛이 어둠에게,

"형제여! 사람들이 말하길 추위가 온다는데, 그게 도대체 언제

인가?"라고 물었다.

그러자 어둠이,

"달의 절반이 어두울 때라네!"라고 대답했다.

그러다 하루는 어둠이 빛에게,

"형제여! 그래서 그 추위가 언제 온다는 것인가?"라고 물었다.

그러자 빛이,

"달의 절반이 밝을 때라네!"라고 말했다.

서로의 답이 달라 언제 추위가 오는지 알 수 없게 되자, 둘은 이 문제를 해결하기 위해 스승을 찾아가 절하고 질문했다.

"스승님, 추위는 언제 오는 겁니까?"

스승은 그들의 이야기를 듣고,

"수행자들아! 내가 너희의 문제를 해결한 것은 처음이 아니다. 너희는 다시 태어날 때 그것을 잊은 것이다."라고 말하며 그들에게 전생의 비밀을 이야기했다.

한때 둘은 사자와 호랑이였고, 언덕 아래 동굴에서 살고 있었다. 당시 보살은 그 근처의 산에서 수행하며 은둔자의 삶을 살고 있었다.

어느 날 두 친구 사이에서 논쟁이 일어났다. 호랑이는 달의 절반이 어두울 때 추위가 온다고 했고, 사자는 달의 절반이 밝을 때 추

위가 온다고 했다. 둘은 이 난제를 해결할 수 없어서 보살을 찾아
갔다.

그들의 이야기를 듣고 보살은 이렇게 읊었다.

절반이 어두울 때나, 절반이 밝을 때나,
모두 바람이 부는 때라네.
추위는 바람이 가져오는 것이고,
둘 다 맞는 말이라네.

이야기를 마치며 부처는 이렇게 말했다.
"당시의 사자가 지금 빛이고, 호랑이가 어둠이고, 사자와 호랑이
의 질문에 대답한 현명한 은둔자가 바로 나다."

"당신이 둘을 놓고 고민한다고 해서
둘 중 하나가 정답인 것은 아니다."

인과응보를
믿어라

    부처가 제타바나에서 머물 때, 당시 사람들은 죽은 가족과 친척을 위해 '죽은 자들의 잔치'라고 불리는 제사를 지냈고, 많은 양과 염소를 잡아 바쳤다. 하루는 수행자가 그것을 보고 돌아와 부처에게 물었다.

    "주인이시여! 이곳 사람들은 많은 생명을 죽여가며 죽은 자들의 잔치를 치르고 있습니다. 이러한 일에 무슨 이득이 있습니까?"

"수행자야, 저들은 죽은 자들의 잔치를 그만둬야 한다. 생명을 해치는 것에 무슨 이득이 있겠느냐. 과거에 현자가 하늘 위에 앉아 그 행위의 악함을 설교하여 잠부디파의 모든 사람이 제사 지내는 것을 그만두게 했다. 그러나 그들이 다시 태어나며 같은 일이 다시 일어난 것이다."

브라마닷타가 베나레스를 다스리던 시절에, 브라만이자 베다˙의 세 가지 가르침에 통달한 아주 이름 높은 선생이 죽은 자들의 잔치를 치르기 위해 염소를 구해 와서 시동들에게 건넸다.

"아이들아! 이 염소를 데려다가 강물에 씻기고, 꽃목걸이를 만들어서 목에 걸어주고, 곡물을 먹이고, 치장한 후에 다시 데려오거라."

시동들은 즉시 염소를 강으로 데려가서 강둑에 세워 두고 씻겼다. 염소는 자신이 전생에서 저지른 악행으로 인해 일어나는 지금의 일을 보며,

'오늘 나는 이 끔찍한 세상으로부터 자유로워질 것이다.'라고 생각했고, 마음 가득히 기쁨이 차올라서 항아리가 깨지는 소리를 내며 신처럼 웃었다. 그리고는,

'이 브라만은 나를 죽여서 내가 겪었던 모든 끔찍한 일들을 똑같이 겪게 되겠지.'라고 생각했다. 염소는 이제 브라만이 불쌍해서 큰 소리를 내며 울었다.

그러자 시동이 염소에게 물었다.

˙인도 바라문교 사상의 근본 성전이며 가장 오래된 경전.

"이봐 염소! 아까 너는 미친 듯이 웃더니 지금은 가슴 찢어지게 울고 있어. 무엇이 너를 그렇게 만들었니?"

"네 주인 앞에서 말해줄게."

시동들은 염소를 브라만에게 데려갔다. 브라만은 그들의 얘기를 듣고 염소에게,

"염소야, 너는 왜 웃었고, 왜 울었느냐?"라고 물었다.

그러자 염소는 전생의 기억을 떠올려 그가 저지른 악행을 생각했다.

"브라만이여, 전생에서 나도 당신과 같은 브라만이었다. 베다의 가르침을 이해했고, 죽은 자들의 잔치를 준비했고, 염소를 죽였고, 잔치를 열었다. 그로 인해 나는 염소로 다시 태어나며 사백구십 구 번 머리가 잘렸고 이제 마지막 한 번이 남았다. 오늘 오백 번째로 머리가 잘리면 이 끔찍한 세상으로부터 자유롭게 된다. 그래서 나는 이제 자유를 얻는다는 사실에 기쁨이 차올라 웃었다. 그러나 브라만이여, 너는 나를 죽여서 나와 같이 오백 번 머리가 잘릴 것이다. 그게 몹시 불쌍해서 울었다."

"두려워 말게 염소여! 나는 너를 죽이지 않겠다."

"무슨 소릴 하는가? 네가 날 죽이지 않더라도 나는 오늘 죽을 운명이다."

"염소여, 내가 너를 지켜주겠다."

"브라만이여! 너는 저주받은 나를 지켜줄 수 없다."

브라만은 염소를 산에 데려다주고 그의 시동들에게,

"누구도 이 염소를 죽이지 못하게 해라!"라고 말했다.

염소는 자유를 느끼며 바위산에 올랐다.

그때, 번개가 바위산 꼭대기에 떨어져 바위를 둘로 쪼갰고 염소의 목이 잘렸다.

당시 보살은 바위산의 신령한 나무였는데, 그곳에 모여든 군중을 보고 인간으로 변해 하늘로 올라가 다리를 꼬고 앉아서 생각했다.

'이 인간들은 오늘 죄의 결과를 보았다.'

보살은 이렇게 읊었다.

전생의 죄가 지금의 고통임을 이해한다면
살아 있는 것이 살아 있는 것을 죽이지 못할 것이다.
생명을 빼앗는 자는 반드시 슬퍼하게 될 것이다!

위대한 자의 무서운 가르침에 겁먹은 사람들은 지옥에 떨어지지 않으려고 그 후로는 생명을 빼앗지 않았다. 보살은 그들이 계속해서 계율을 지킬 수 있도록 도와주었고, 사람들은 그에게 감사해하며 선물을 바쳤다.

이야기를 마치며 부처는 이렇게 말했다.

"당시의 신령한 나무가 바로 나다."

현생을 사는 이들을 위한 부처의 마음 수업

"죄를 지으면 벌을 받는다.
죄를 짓지 말자."

함부로
약속하지 마라

부처가 제타바나에서 머물 때, 당시 사람들은 안전한 여행을 기원하며 많은 동물을 죽여서 신들을 위한 제사를 지냈다.

"우리가 무사히 돌아오거든 그때 다시 제물을 바치겠습니다!"

그리고 그들은 무사히 여행을 마치면,

"신들이 우릴 도우셨다!"라고 말하며 그들이 서약한 대로 다시 동물들을 죽여 신들에게 제사를 지냈다.

하루는 수행자가 그것을 보고 돌아와 부처에게 물었다.
"주인이시여! 그들이 하는 일에 무슨 이득이 있습니까?"
그러자 부처가 전생의 비밀을 이야기했다.

먼 옛날 카시에서, 한 마을의 대지주가 마을 앞에 서 있는 신령
한 나무를 찾아가,
"제가 무사히 돌아오거든 제물을 바치겠습니다!"라고 서약했다.
그리고 무사히 여행을 마친 그는 많은 동물을 죽이면서,
'이걸로 나는 서약을 지켰다.'라고 생각했다.
그가 죽은 동물들을 신령한 나무에 바치자, 나무 속의 신령이 이
렇게 읊었다.

자유를 얻으려면 먼저 죽어야 한다.
자유를 구하는 자는 속박된 자이다!
이러한 행동으로는 자유를 얻을 수 없다.
구원은 어리석은 자들의 저주이다!

이야기를 마치며 부처는 이렇게 말했다.
"당시의 신령한 나무가 바로 나다."

"당신의 지킬 수 없는 약속이
당신을 괴롭힐 것이다."

당신의 원수를
미워하라

하루는 부처의 제자들이 법당에 모여서 데바닷타의 사악함을 이야기하고 있었다.

"데바닷타는 궁수들이 스승님께 활을 쏘게 했고, 바위를 굴려서 스승님을 깔아뭉개려고 했고, 다나팔라카˙를 보내서 스승님을 짓밟으려고 했다. 앞으로도 데바닷타는 모든 방법을 다 써가며 스승님을 해치려 할 것이다!"

˙법구경에 등장하는 사나운 전투 코끼리.

그때, 법당으로 들어온 부처가 그들에게 가서 물었다.

"수행하는 자들아, 무슨 이야기를 하고 있는가?"

"주인이시여! 당신을 해하려는 데바닷타의 사악함을 이야기하고 있었습니다!"

그러자 부처는,

"지금만이 아니다. 데바닷타는 전생에서도 나를 해하려 했으나 실패하였다."라고 말하고 제자들에게 전생의 비밀을 이야기했다.

오래전, 브라마닷타가 베나레스를 다스릴 때, 보살이 쿠룬가 산양으로 태어나 나무 열매를 먹으며 숲속에 살았다.

하루는 마을에 사는 사슴 사냥꾼이 보살이 사는 숲으로 사냥을 나왔다. 사냥꾼은 나무 아래에 남겨진 사슴의 발자국을 찾아다니면서, 발자국을 발견하면 그 나무 위에 널빤지를 얹고 올라가 몸을 숨기고 있다가 나무 열매를 먹으러 오는 사슴에게 창을 던져 사냥했다.

당시에 보살은 세파니나무에 잔뜩 열린 세파니 열매를 먹었는데, 사슴 사냥꾼이 그 세파니나무 밑에서 보살의 발자국을 발견했다. 그는 나무 위에 널빤지를 얹어 놓고 간단히 아침 식사를 한 뒤에 창을 들고 널빤지에 올라가 몸을 숨겼다.

보살 역시 이른 아침 굴을 떠나서 세파니 열매를 먹으러 그곳으로 갔다. 그러나 나무 앞에 도착한 그는 식사를 서두르지 않았다.

"가끔 사냥꾼들이 나무 위에서 널빤지로 몸을 숨기고 있지. 조심하는 편이 좋겠어."

그리고 보살은 나무에서 멀찌감치 떨어져서 나무 위를 이리저리 살펴보았다. 사냥꾼은 숨을 죽였고, 보살이 더 이상 가까이 오지 않자 옆에 있던 세파니 열매 하나를 따서 보살 앞에 던졌다. 보살은 자신 앞에 떨어진 열매를 보며,

'어째서 이 열매가 내 앞으로 떨어진 걸까. 나무 위에 사냥꾼이 있는 게 분명해.'라고 생각했다.

보살은 다시 나무 위를 살펴보았고, 마침내 숨어있는 사냥꾼을 발견했다. 그러나 보살은 사냥꾼을 못 본 척하면서,

"안녕하신가 나무! 네가 떨어뜨리는 열매는 여기까지 굴러오지 않는데, 어째서인지 오늘은 다르구나. 너는 자신을 포기하기로 한 것인가! 네가 변한 것 같으니 나는 이제 다른 나무에 가서 먹을 걸 찾아봐야겠다."라고 말했다.

그리고 보살은 이렇게 읊었다.

세파니여, 이 쿠룬가는 전부 알고 있다.
네가 던지는 열매가 무엇인지!
이제 나는 다른 곳으로 가겠다.
친구여, 너의 열매는 예전과 같지 않다.

그러자 성이 난 사냥꾼이 널빤지 위에서 보살에게 창을 던졌다.
"얼른 가라! 이번엔 보내주겠다!"
보살이 가던 길을 멈추고 사냥꾼을 향해 몸을 돌렸다.
"오, 남자여! 내가 말하건대, 네가 몇 번을 더 나를 놓치더라도 너는 여덟 가지의 커다란 지옥과 열여섯 가지의 작은 지옥에서 다섯 가지의 고문을 당할 것이다!"
그리고 보살은 다른 나무의 열매를 찾아갔고, 사냥꾼도 나무에서 내려와 어디론가로 갔다.

이야기를 마치며 부처는 이렇게 말했다.
"당시의 성난 사냥꾼이 지금 데바닷타이고, 사냥꾼의 마수에서 벗어난 쿠룬가 산양이 바로 나다."

현생을 사는 이들을 위한 부처의 마음 수업

"당신을 미워하는 사람과
같은 길을 걷지 마라."

약한 존재를
얕보지 마라

이 이야기는 부처가 제타바나에 머물 때 유익한 관계란 무엇인지 질문하는 제자들에게 들려준 것이다.

오래전, 브라마닷타가 베나레스를 다스릴 때, 보살은 그가 전생에서 한 행위로 인해 개로 태어나서 수백 마리의 개들과 함께 커다란 공동묘지에서 살았다.

하루는 왕이 새하얀 말이 끄는 왕실 마차를 타고 도시를 벗어나서 여유로운 시간을 보낸 뒤에 해가 저물 때 도시로 돌아왔다. 왕은 기분에 취해 깜빡하고 마구*를 뜰에 내놓은 채 궁전 안으로 들어갔는데, 그날 밤 궁전에서 기르는 개들이 뜰에 들어가서 마구의 가죽 장식과 가죽끈을 갉아 먹었다.

다음날, 왕의 마구가 손상된 것을 본 하인들이 왕에게 가서 이 사실을 알렸다.

"왕이시여, 개들이 뜰에 들어와 마구의 가죽 장식과 가죽끈을 갉아 먹었나이다!"

왕은 크게 노하여 병사들에게 그들의 눈앞에 보이는 개들을 모두 죽이라고 명령했다. 왕의 명령으로 인해 셀 수 없이 많은 개가 죽임을 당했고, 더 이상 도망칠 곳이 없다고 생각한 개들이 보살이 사는 공동묘지로 모여들었다.

보살은 갑자기 몰려든 수많은 개를 보며,

"이게 도대체 무슨 일이야?"라고 물었다.

"지난밤에 개들이 궁전 뜰에 들어가서 왕의 마구를 갉아 먹었다나 봐. 왕이 화가 나서 병사들에게 모든 개를 죽이라고 명령했대. 우리 다 죽을 위기야!"

그들의 말을 듣고 보살은,

'궁전은 경비가 삼엄한 곳이라 개들이 바깥에서 뜰 안으로 들어갈 수 없을 텐데, 왕궁에서 기르는 개들이 그런 짓을 한 게 분명해.

---

* 말을 타거나 부리는 데 쓰는 기구.

정작 도둑들에게는 아무 일도 일어나지 않고 무고한 것들만 죽어나가고 있어.'라고 생각했다.

"겁먹지 마! 내가 모두를 살리겠어. 왕을 만나고 올게."

보살은 그의 마음을 사랑하는 것들로 채우고 다스려가며 기억 속 깊은 곳에서 그의 전생을 깨워냈다.

"누구도 나에게 돌을 던지지 못하리라!"

보살이 도시로 들어가자 왕의 병사들이 그를 보았으나 보살의 말대로 누구도 그를 죽이려 들지 않았다. 보살은 어떠한 제지도 당하지 않고 왕궁에 들어갈 수 있었다.

왕은 개들을 전부 죽이라고 명령한 뒤에 이제 왕좌에 앉아서 보고를 기다리고 있었다. 왕을 본 보살은 주저하지 않고 달려서 왕이 앉아 있는 왕좌 밑으로 들어갔다.

왕의 신하들이 보살을 왕좌 밑에서 나오게 하려 했으나 왕이 그들을 말렸다. 보살은 잠시 숨을 고른 뒤 왕좌 밑에서 나와 왕에게 절하고 말하였다.

"당신이 개들을 죽이라고 했습니까?"

"그렇다. 내가 명령했다."

"왕이시여, 저희의 죄가 무엇입니까?"

"너희는 내 마차의 가죽 장식과 가죽끈을 갉아 먹었다."

"어떤 개가 그런 짓을 저질렀는지 아십니까?"

"그것까지는 모른다."

"가죽을 갉아 먹은 범인이 누구인지 알지도 못하면서 무고한 개들을 죽이는 것은 정의롭지 않습니다!"

"그래서 나는 '개들이 보이는 대로 죽여라.'라고 명령했다. 모든 개를 죽이라고 한 것은 아니다."

"그래서 뭡니까! 모든 개를 죽이겠다는 겁니까 아니면 죽이지 않는 개도 있다는 겁니까!"

"죽이지 않는 개도 있다. 왕궁에서 키우는 개들은 예외이다."

그러자 보살이 소리 높여 말했다.

"왕이시여! 당신은 아까까지 개들을 보이는 대로 죽이라고 명령했다고 했는데, 이제 당신의 잘 먹인 개들은 면제라고 합니다. 당신의 명령은 편파적이고 당신은 왕의 자격을 잃었습니다! 왕이라면 공평하고 공정해야 하는데, 왕궁에 사는 개들은 벌하지 않으면서 불쌍한 개들만 죽이는 것은 정의가 아니라 그저 약자를 도살하는 것에 불과합니다!"

"그렇다면 현명한 너는 가죽을 갉아 먹은 범인을 아는가?"

"네. 알고 있습니다."

"누구인가?"

"당신이 키우는 품종견들입니다."

"그들이 그랬다는 걸 어떻게 아나?"

"증명해 보이겠습니다."

"부디 그렇게 해 다오."

"버터 우유와 다바풀을 가져와 주십시오."

왕의 하인들이 보살이 부탁한 것들을 가져왔다.

"이제 버터 우유 조금에 풀을 으깨 넣고 잘 섞어서 개들이 마시게 하십시오."

왕의 하인들이 보살이 시킨 대로 하자 그걸 마신 개들이 토를 하기 시작했다. 왕의 개들은 뱃속에 든 전부를 게워냈고, 지난밤 먹은 가죽 조각까지 토했다.

"왕이시여, 올바른 길을 걸으십시오!"

왕은 보살의 지혜에 감복했다.

그 후에 왕은 보살이 보살피는 모든 개에게 왕실 사료를 제공했고, 보살은 평생 자선과 많은 선행을 실천하며 살다가 그의 복에 따라 세상을 떠났다.

이야기를 마치며 부처는 이렇게 말했다.

"당시의 왕이 지금 아난다이고, 죽음을 피해 도망친 개들이 수행자들이고, 그 정의로운 개가 바로 나다."

"정의란 당신이 약하다고
생각하는 사람이
당신을 이길 수도 있다는 것이다."

당신은 지금
성공을 눈앞에 두고 있다

이 이야기는 부처가 제타바나에 머물 때 실패가 두려워 수행을
포기하려는 제자에게 들려준 것이다.

"수행하는 자야, 과거에 현자들은 끈질겼고 절대 포기하지 않았
다."

오래전, 브라마닷타가 베나레스를 다스릴 때, 보살은 보자 혈통의 순종마로 태어나 왕이 타는 군마가 되었다. 그는 향수를 뿌린 향기로운 마구간에서 살며 황금 접시에 담은 가장 맛있는 쌀을 먹었다. 그의 마구간에는 왕실의 휘장이 걸려 있었고, 그는 황금빛 별들이 수놓아진 캐노피를 등에 덮었다. 머리에는 달콤한 향기가 나는 화관을 썼고, 꺼지지 않는 향유 등불이 항상 그가 있는 곳을 밝혔다.

당시 베나레스는 매우 번성하였으며, 주변에는 베나레스를 탐내는 왕들이 아주 많았다. 한번은 일곱 명의 왕들이 베나레스 성을 포위하고서 베나레스의 왕에게 서신을 보냈다.

왕국을 내놓든지 우리와 싸우든지!

왕은 장관들을 소집하여 의견을 물었다.
"왕이시여, 지금 출전하시면 안 됩니다. 먼저 기사를 보내 싸우게 하십시오. 그다음 일은 그가 실패하거든 결정하십시오."
왕은 장관들의 의견을 받아들여 그의 기사들 가운데 가장 용맹한 기사를 불렀다.
"내 사랑하는 자여, 네가 능히 일곱 명의 왕들과 싸울 수 있느냐?"
"위대한 왕이시여, 제가 순수 혈통의 보자를 타게 된다면 일곱 명의 왕들뿐만 아니라 이 광활한 인도 땅의 왕들 전부와도 싸울 수 있습니다."

"오, 진정한 친구여! 원하는 대로 보자를 데려가서 적들과 싸워 이기라!"

기사는 왕에게 감사의 말을 남기고 궁전을 나와 왕의 경비병들에게 보자를 데려오게 했다. 그는 투구를 쓰고 완벽히 무장한 다음 보자에 올라타 검을 빼 들고서 출진하였다.

순혈의 군마를 탄 기사는 번개같이 내달려 첫 번째 포위망을 뚫고 한 명의 왕을 생포하였다. 기사는 다시 진격하여 두 번째와 세 번째 포위망을 연달아 돌파하였고 이때 네 명의 왕들을 생포하였다. 그리고 계속해서 그가 여섯 번째 왕을 사로잡으려 할 때, 보살이 적의 창에 불시에 찔리고 말았다. 보살은 깊은 상처에서 많은 피를 흘리며 고통스러워했다. 기사는 자신의 안장을 다른 군마에 얹었고, 보살을 옆으로 눕힌 다음 다른 군마에 올라탔다.

보살은 온 힘을 다해 눈을 떠 기사를 바라보며,

'저 군마는 일곱 번째 포위망을 돌파하지 못할 거야. 기사님은 일곱 번째 왕을 잡을 수 없을 테고 나의 싸움은 물거품이 되겠지. 기사님은 여기서 죽을 것이고 우리의 왕도 적에게 잡힐 거야. 다른 군마는 할 수 없어. 오직 나만이 일곱 번째 포위망을 뚫고 일곱 번째 왕을 생포할 수 있어.'라고 생각했다.

그리고 보살은 누운 채로 기사를 불러서,

"기사님, 오직 저만이 마지막 왕을 사로잡을 수 있어요. 저는 제가 여기까지 싸워온 것이 헛수고가 되지 않게 할 거예요. 저를 일으켜 주세요!"라고 말했다.

이어서 보살은 이렇게 읊었다

창에 찔려 옆으로 쓰러졌지만

오직 나만이 이길 수 있다.

기사여,

그러니 나를 일으켜다오!

기사는 보살을 도와서 일으켜 세웠고, 보살의 상처를 싸맨 뒤에 안장을 얹고 등에 올라타 검을 빼 들고 전장으로 내달렸다. 기사와 보살은 함께 일곱 번째 포위망을 돌파했고, 일곱 번째 왕을 생포하였다.

전투가 끝나고, 병사들이 죽어가는 보살을 들것에 싣고 가서 성문 앞에 내려놓자 왕이 달려 나왔다. 위대한 자가 옆으로 누워서 왕에게 말했다.

"왕이시여, 일곱 명의 왕들을 죽이지 마세요. 저와 기사님의 명예를 지켜주세요. 저희가 생포한 일곱 명의 왕들을 당신이 죽이는 것은 옳지 않습니다. 대신 그들에게 맹세를 받으시고 당신의 나라를 정의와 형평으로 다스려 주세요."

보살이 말을 마치자 왕의 경비병들이 그에게서 마구를 하나씩 벗겼다. 그는 마지막 숨을 크게 한 번 내쉬고 죽었다.

왕은 보살을 위해 성대한 장례식을 열어주었고, 그와 기사의 명

세상을 바라보는 마음

예를 지켜주었다. 왕은 일곱 명의 왕들에게 두 번 다시는 베나레스를 넘보지 않겠다는 맹세를 받고서 그들을 돌려보냈다. 그리고 자신의 왕국을 정의와 형평으로 다스리다가 그의 복에 따라 세상을 떠났다.

이야기를 마치며 부처는 이렇게 말했다.

"그러니 수행하는 자야, 과거에도 현자는 끈질겼고 수세에 몰리더라도 포기하지 않았다. 그렇다면 현자가 되기로 한 네가 어떻게 실패를 두려워할 수 있겠느냐? 당시의 왕이 지금 아난다이고, 용맹한 기사가 사리불이고, 전쟁을 승리로 이끈 순혈의 군마가 바로 나다."

"성공은 끈질긴 자의 것이다.
당신의 성공에서 눈을 떼지 마라."

당신은
한 번 더 성공해야 한다

부처는 실패가 두려워 수행을 포기하려는 아까의 그 제자에게
또 다른 전생의 비밀을 이야기했다.

"수행하는 자야, 진실로 과거에 현자들은 결단코 포기하지 않았
다."

오래전, 브라마닷타가 베나레스를 다스릴 때, 일곱 명의 왕들이 지난날처럼 베나레스 성을 포위했다. 이에 베나레스의 용맹한 전사가 신드 혈통의 순종마 두 마리가 끄는 전차를 타고 번개같이 내달려서 포위망을 여섯 번 격파하고 여섯 명의 왕들을 포로로 잡았다. 그러나 그가 일곱 번째 왕을 잡으려는 순간, 두 마리 군마 가운데 나이가 많은 쪽이 불시에 적의 창에 찔리고 말았다. 전사는 쓰러진 보살의 마구를 풀고, 그를 옆으로 눕혀 둔 다음 다른 말에 마구를 채웠다.

이를 본 보살이 지난날과 같은 생각을 하고 누운 채로 전사를 불러서 이렇게 읊었다.

어느 때 어느 곳
행운이든 불운이든
순혈의 군마는 여전히
불길 속을 달린다!

전사는 보살을 도와 일으켜 세웠고, 그에게 마구를 채우고 다시 전장으로 내달려 일곱 번째 포위망을 뚫고 일곱 번째 왕을 사로잡았다. 그리고 전투가 끝나자 병사들이 죽어가는 보살을 들것에 실어 왕 앞으로 데려갔다. 옆으로 누운 보살은 왕에게 지난날과 같이 부탁했고, 마지막 숨을 크게 한 번 내쉬고 죽었다.

왕은 나라를 구한 위대한 군마를 위해 성대한 장례식을 치러주었고, 그와 전사의 명예를 지켜주었다. 왕은 그들이 생포한 일곱 명의 왕들에게 두 번 다시는 베나레스를 넘보지 않겠다는 맹세를 받고서 그들을 돌려보냈다. 왕은 보살의 당부대로 자신의 왕국을 정의와 형평으로 오래 다스리다가 그의 복에 따라 세상을 떠났다.

이야기를 마치며 부처는 이렇게 말했다.

"당시의 왕이 지금 아난다이고, 불길 속을 달리는 순혈의 군마가 바로 부처다."

"두 번 성공해야
성공한 사람이다."

당신은
기적을 일으킬 수 있다

    부처는 코살라를 여행한 뒤 나라카파나 호수 근처의 케타카 숲에 머물렀다. 수행자들은 나라카파나 호수에 가서 몸을 씻고 사탕수수를 캐왔는데, 그것이 텅 빈 것을 보고 부처에게 가서 물었다.

    "주인이시여! 저희가 캔 사탕수수가 뿌리부터 끝까지 텅 비었으니 이게 어찌 된 일입니까?"

    그러자 부처는,

현생을 사는 이들을 위한 부처의 마음 수업

"수행하는 자들아, 이것은 내가 전에 한 것이다."라고 말하고 전생의 비밀을 이야기하기 시작했다.

먼 옛날 케타카 숲은 아주 울창하였고 나라카파나 연못에는 물에 들어오는 자들을 잡아먹는 악마가 살았다. 당시 보살은 원숭이들의 왕이었는데, 그 크기가 말사슴의 새끼만큼이나 컸다. 그는 숲에 사는 팔만 마리의 원숭이들을 보살폈다.

"아이들아! 이 숲에는 독 있는 나무가 자라고 연못에 악마가 산다. 내 허락 없이는 전에 먹어본 적 없는 과일을 먹어서는 안 되고, 전에 마셔본 적 없는 물을 마셔서는 안 된다."

하루는 원숭이들이 전에 가본 적 없는 곳으로 갔다. 그들은 한참을 배회하다가 연못을 발견했는데, 그 물을 마시지 않고 왕이 오길 기다렸다.

보살이 도착해서 그들에게,

"아이들아, 왜 물을 마시지 않느냐?"라고 물었다.

"도착하시기를 기다리고 있었습니다."

보살은 연못가에 난 발자국들을 주의 깊게 살펴보았다. 그리고 그는 연못으로 내려가는 발자국들은 있지만 연못에서 올라오는 발자국들이 없다는 것을 알아차렸다.

"아주 잘했다 아이들아! 이 연못에는 악마가 산다. 물을 마시지 마라!"

수면 아래에 있던 악마는 그들이 물에 들어오지 않는 것을 보더니 파란 배, 창백한 얼굴, 빨간 손발을 가진 끔찍한 생물의 모습으로 물 밖에 나와 보살에게 화를 냈다.

"왜 서 있는 거냐! 어서 물에 들어가서 마셔라!"

"네가 이 연못의 악마인가?"

"맞다! 내가 악마다!"

"너는 연못에 들어가는 모든 것을 잡아먹을 수 있는가?"

"물론이다! 나는 물에 들어오는 새 한 마리도 도망치게 두지 않는다. 네놈들도 전부 먹어 치울 것이다!"

"우리를 잡아먹을 수는 없을 것이다."

"그렇다면 어디 한번 물을 마셔봐라!"

"좋다! 마시겠다. 그러나 물에 들어가지는 않을 것이다."

"물에 들어오지 않고서 무슨 수로 물을 마시겠다는 거냐?"

"우리는 텅 빈 사탕수수로 물을 빨아 마실 것이다!"

이렇게 말하고 나서 보살은 아이들을 시켜 사탕수수를 가져오게 했고, 아이들이 가져온 사탕수수에 입을 대고 불었다. 그러자 그가 수없이 많은 전생을 살며 실천한 열 가지—자비, 도덕, 무아, 지혜, 끈기, 인내, 진리, 용서, 친절, 희생—의 조화가 기적을 일으켜서 사탕수수를 텅 비게 하였다.

그는 계속해서 다음, 그다음 사탕수수에 입을 대고 불었다.

"이곳의 모든 사탕수수를 텅 비게 하리라!"

(이 일이 있은 뒤로 보살의 말대로 나라카파나 호수에서는 속이 텅 빈 사탕수수만이 자라나게 되었다—이 세계가 한 번 생성하고 소멸하는 동안에 네 가지 기적이 일어나는데, 달에 남은 토끼의 흔적이 사라지지 않는 것과 도공이 사는 마을*이 사라지지 않는 것과 한 번 불에 탄 메추라기 둥지가 두 번 다시 불타지 않는 것과 나라카파나 호수의 모든 사탕수수가 텅 빈 것이다.)

보살은 속이 빈 사탕수수를 가지고 연못가에 앉았고, 팔만 마리의 원숭이들도 모두 손에 사탕수수 하나씩을 들고 그를 따라 연못을 둘러앉았다. 그리고 보살이 사탕수수로 연못의 물을 빨아 마시자, 팔만 마리의 원숭이들이 그를 따라 물을 빨아 마셨다.

결국 악마는 단 한 마리의 원숭이도 잡아먹을 수 없었고 연못을 떠나 예전에 살던 곳으로 돌아갔다.

이야기를 마치며 부처는 이렇게 말했다.

"당시의 물에 사는 악마가 지금 데바닷타이고, 팔만 마리의 원숭이들은 지금 부처의 제자들이고, 원숭이들의 지혜로운 왕이 바로 나다."

---

*베나레스에 있는 마을.

"당신의 삶에 기적이 일어나도록
간절히 노력하라."

03

마음이 바라보는 당신

당신도
결국 시든다

부처가 제타바나에서 머물 때, 전에 금을 세공하던 장인이 수행자가 되어 법을 가르치는 존자* 아래에서 배우게 되었다. 그러나 마음과 기질에 관한 지식은 오직 부처에게 속한 것이기에 법을 가르치는 존자조차도 자신에게 배우는 자의 참된 기질을 알지 못하여 독선적인 규칙에 따라서 명상하는 방법을 가르쳤다.

이러한 까닭으로 수행자는 명상하는 것에서 어떠한 유익도 얻지

---

*학문과 덕행이 뛰어난 부처의 제자를 높여 이르는 말.

현생을 사는 이들을 위한 부처의 마음 수업

못하였다. 그는 오백 번의 전생을 사는 동안 늘 금을 세공하는 장인이었고, 아주 오랜 시간 순수한 금만을 다루었기 때문에 불순하다는 것을 도무지 이해할 수 없었다. 결국 넉 달이 지나도록 그는 불순함에 관한 조금의 명쾌함도 얻지 못했다.

이제 법을 가르치는 존자는 자신의 지식으로는 그를 가르칠 수 없다고 판단했다.

'이 자를 가르칠 수 있는 사람은 오직 스승님뿐이다. 스승님이 그를 여래'로 이끄실 것이다!'

존자는 수행자를 부처에게 데려갔다.

"스승이시여! 저는 이 형제에게 명상하는 방법을 가르쳤으나 이 형제는 넉 달이 지나도록 명상의 가장 기본적인 것도 이해하지 못합니다. 이제 저는 이 형제에게 진리를 가르칠 수 있는 사람은 오직 당신뿐이라고 판단하여 당신께 데리고 왔습니다."

"사리불아, 너는 무엇을 가르쳤느냐?"

"불순함을 명상하는 방법입니다!"

"오, 사리불아, 너는 사람의 마음과 기질을 이해하지 못하는구나. 이제 너는 갔다가 너의 형제를 데리러 저녁에 다시 오거라."

사리불을 돌려보낸 부처는 수행자에게 좋은 승복을 입혔고, 자신의 가까이에서 공양받도록 하였으며, 맛있는 음식을 먹게 하였다. 자신의 거처에서 쉬게 하였고, 오후에는 그를 데리고 사원 근처의 숲을 산책하였다.

이 망고 숲에는 연못이 하나 있는데, 때마침 만개한 연꽃들로 가

'진리로부터 진리를 따라서 온 사람.

득했고, 그중에서도 특히 크고 아름답게 핀 것이 있었다. 부처는 수행자에게 그 연꽃을 바라보고 있으라고 한 뒤 자신의 거처로 돌아갔다.

수행자는 아름다운 연꽃을 바라보고 또 바라보았다. 부처는 신비한 능력으로 그 연꽃이 그의 눈앞에서 시들어가게 했다. 처음에 연꽃은 색을 잃었고, 겉에서부터 잎을 떨구기 시작해서 결국 모든 잎을 떨구었다. 마지막에는 속이 텅 비게 되어 줄기만 초라하게 남았다.

이를 지켜본 수행자는,

"아름다운 꽃이 이렇게 시드는데 나의 몸이 어찌 시들지 않겠는가! 실로 지어진 것 중에 영원한 것은 없다!"라고 깨닫고서 마음의 눈을 떴다.

그러자 부처가 그의 눈앞에 나타나 이렇게 읊었다.

네 손에 든 연꽃이 그리하였듯이
너 자신에 대한 사랑을 떨구어라.
그리고 평화를 얻어 열반에 들라.

부처가 암송을 마치자 수행자는 아라한에 이르렀고, 이제 자신이 모든 미래에서 구원받았다는 기쁨을 주체하지 못하여 이렇게 노래했다.

자기 삶을 사는 사람, 마음이 단단한 사람,

현생을 사는 이들을 위한 부처의 마음 수업

악한 기질을 없앤 사람.
그는 마지막 몸으로 마지막 삶을 살고 있다.
그의 삶은 순수하고 그는 감각을 지배한다.
그는 자유를 얻었고―마치 달이
월식을 통과하듯이 라후˙의 턱에서 벗어났다.
그는 망상의 완전한 어둠을
그의 마음 구석구석까지 퍼진 그것을
쫓아냈다―모든 죄와 함께.
천 갈래의 빛과 전능한 태양이
온 땅을 비추듯이.
그리고 구름을 몰아내듯이!

수행자는 부처에게로 가서 절하였고 저녁에 사리불이 와서 그를 데리고 돌아갔다.

이 소식을 들은 다른 수행자들이 법당에 모여 떠들어댔다.

"사리불은 사람의 마음과 기질을 알지 못하여 가르칠 수 없었다. 그러나 우리의 주인께서는 깊은 지식으로 단 하루 만에 그가 아라한이 되게 하셨다!"

그때 부처가 법당으로 들어와 자신의 자리에 앉았다.

"수행자들아, 그다지 대단한 일이 아니다. 내가 부처이기 이전에도 나는 그의 기질을 알았다."

부처는 제자들에게 전생의 비밀을 이야기했다.

˙아수라의 신. 라후가 원한을 품고 해와 달을 삼켜 일식과 월식이 생겼다고 한다.

마음이 바라보는 당신

"당신의 사랑도
시드는 것이다."

마음을 되돌리려
애쓰지 마라

오래전, 브라마닷타가 베나레스를 다스리던 시절에, 보살은 그의 영적 스승이었다. 하루는 왕이 타는 명마가 자신이 평소 목욕하는 여울에 들어가기를 꺼리다가 끝내 물에 들어가기를 거부했다.

왕의 마구간지기가 왕에게 가서 이 사실을 알렸다.

"폐하! 폐하의 말이 물에 들어가지 않습니다!"

그러자 왕은 보살을 청하여 조언을 구했다.

"선생이여, 어째서 말이 물에 들어가지 않는지 알아봐 주게."

"알겠습니다, 폐하."

보살이 여울에 가서 살펴보아도 딱히 문제를 찾을 수 없어서 물에는 아무런 문제가 없다고 결론 내렸다. 그러나 그는 말의 행동에는 분명 이유가 있다고 생각했다.

'혹시 기분이 상한 것일까? 어쩌면 자기 외에 다른 말이 자신이 목욕하는 물에 들어간 것일까? 그래서 기분이 상했나?'

보살은 마구간지기들에게 왕의 말 말고 다른 말이 그 여울에 들어간 적이 있었는지 확인해 달라고 부탁했다.

"주인이시여! 분명 그런 적이 있다고 합니다!"

이제 보살은 왕의 말이 물에 들어가기를 거부하는 이유는 바로 허영심 때문이고, 지금은 다른 곳에서 목욕하기를 원한다는 것을 알았다. 그래서 보살은 마구간지기들에게,

"이보게, 사람조차도 날마다 하얀 밥과 달콤한 카레를 먹는다면 질리고 마는 것이 당연하겠지. 이 말은 이 여울에서 충분히 목욕했으니, 다른 곳으로 데려가서 목욕시키고 먹이게나."라고 말했다.

그리고 보살은 이렇게 읊었다.

말을 먹이라, 말 부리는 자여.

이곳에서 저곳으로.
좋은 쌀을 먹으라, 사람이여.
그러나 충분히 먹었다면
더 먹는 것은 헛되다!

마구간지기들이 보살의 말을 듣고 왕의 말을 다른 여울로 데려가 그곳에서 씻기고 먹였다. 보살은 왕의 말이 기분 좋게 먹는 것을 보고 왕에게 돌아갔다.

"친구여! 어찌 되었는가? 내 말이 목욕하고 마시게 됐는가?"

"그렇습니다, 폐하."

"왜 전에는 물에 들어가지 않았던 것인가?"

보살은 왕에게 사정을 설명했다.

그러자 왕은 보살에게 경의를 표하며,

"선생은 동물의 기질마저 이해한다! 이 얼마나 현명한가!"라고 말했다.

왕은 보살과 함께 남은 수명을 살고서 그의 복에 따라 세상을 떠났다.

이야기를 마치며 부처는 이렇게 말했다.

"당시 왕의 말이 사리불이 가르치지 못한 수행자이고, 왕이 아난다이고, 왕의 스승이 바로 나다."

마음이 바라보는 당신

"헛되고 헛되니
모든 것이 헛되다."

말에
흔들리지 마라

부처가 제타바나에 머무를 때 있었던 일이다. 당시 데바닷타는 아자타 사투 왕자의 총애를 받았다. 왕자는 그를 위해 가야시사에 사원을 지어줬고, 매일 오백 포대의 최상급 쌀을 제공했다. 이처럼 막대한 후원을 받으며 데바닷타의 제자들은 날마다 늘어났다.

라자가하에서 온 두 친구가 있었다. 한 명은 부처에게 서약한 수행자였고, 다른 한 명은 데바닷타에게 서약한 수행자였다. 그들은 수행자가 되고 나서도 서로 만나기 위해 서로의 사원을 찾아가고 는 했다. 하루는 데바닷타의 제자가 가야시사를 찾아온 부처의 제 자에게,

"친구여, 그렇게 날마다 구걸하는 게 힘들지 않은가? 데바닷타 님께서 가야시사에 정착하신 후로 우린 매일같이 좋은 음식을 먹 고 있다네. 수행하려면 이 정도는 돼야 하는 거 아니겠나. 자넨 구 걸하느라 허비하는 시간이 아깝지 않나? 가야시사로 와서 아침밥 이라도 먹게나. 자넬 위해서 좋은 자리를 마련해 놓겠네."라고 말 했다.

부처의 제자는 자신을 생각해주는 친구의 제안을 거절하기가 힘 들어 그 후로는 다른 수행자들 눈에 띄지 않게 아침 일찍 가야시 사에 가서 밥을 먹고 대나무 숲으로 돌아왔다.

그러나 비밀은 언젠가 드러나는 법이고, 오래 지나지 않아서 그 가 가야시사를 오가며 데바닷타의 음식을 먹는다는 소문이 돌기 시작했다.

"자네, 소문이 사실인가?"

"누가 그런 소릴 하나?"

"다들 그렇게 말한다네."

"내가 가야시사에 가서 아침을 먹는 것은 사실이네만, 그 음식 은 데바닷타가 아니라 내 친구가 주는 걸세!"

"형제여, 데바닷타는 부처님의 적이지 않은가. 그자는 아자타 사 투의 총애를 받고 있지만 그것은 사악한 일일세. 여태껏 자네는

열반에 도달하는 최고의 방법으로 가르침 받았지만 그걸 모르고 데바닷타의 음식을 먹은 것이네. 자네를 부처님께 데려가겠어."

그들은 함께 부처님이 계신 법당으로 갔다.

부처가,

"어찌하여 그를 데리고 왔는가?"라고 물었다.

"주인이시여, 이 형제는 당신께 서약하였음에도 데바닷타에게서 부정한 음식을 얻어먹고 있습니다."

그러자 데바닷타의 음식을 먹은 수행자가,

"주인이시여! 데바닷타가 아닙니다. 제게 음식을 준 것은 제 친구입니다!"라고 말했다.

"수행자야, 부정하지 마라. 데바닷타는 악하고 교활한 자이다. 어떻게 나에게 서약한 네가 데바닷타의 음식을 먹은 것이냐. 너는 네가 바라던 가르침을 받으면서도 여전히 사람의 말에 휘둘리는구나."

부처는 그에게 전생의 비밀을 이야기했다.

오래전, 브라마닷타가 베나레스를 다스릴 때, 보살은 왕의 선생이었다. 당시 왕에게는 '아가씨'라 불리는 왕실 코끼리가 있었는데, 착하고 온순하여 누구도 해치는 일이 없었다.

하루는 왕궁에 도둑이 들었다. 여러 명의 도둑이 한밤중에 만나 아가씨 코끼리가 사는 곳 옆에서 자신들의 계획을 말했다.

"……. 빠져나올 때는 터널을 이용하는 게 좋겠어. 터널을 미리 열어둬야 물건을 옮길 수 있겠지. 아마도 경비병들이 서넛 지키고 있겠지만 살인을 하게 되더라도 어쩔 수 없어. 강도질을 하려면 사람을 죽이는 걸로 겁먹으면 안 돼. 언제나 가차 없이 잔혹해야지."

그들은 계획이 새어나가지 않도록 서로에게 당부하며 헤어졌다. 그리고 다음 날도, 그다음 날도 그들은 그곳에서 만나 계획을 세웠다.

이제 아가씨 코끼리는,

'이 사람들은 나를 가르치려는 거야. 나는 잔인해져야만 해.'라고 생각하게 되었다.

다음 날 아침 아가씨 코끼리는 정말로 자신을 돌보러 온 사육사를 코로 잡아 땅에 내던졌고, 두 번째와 세 번째 사육사도 그렇게 했다. 땅에 내던져진 사육사들은 모두 죽었다. 아가씨 코끼리는 계속해서 자신에게 가까이 다가오는 사람들을 잡아 던졌다.

사람들은 왕에게 가서 아가씨 코끼리가 미쳐 날뛰며 눈에 보이는 사람을 전부 죽이고 있다고 알렸다. 왕은 보살을 불렀다.

"선생이여, 당신이 가서 코끼리가 흉포해진 이유를 알아봐 주게!"

보살이 가서 아가씨 코끼리를 진정시켰다. 그리고 자세히 살펴보았으나 코끼리의 몸에는 아무런 문제가 없었다. 그러나 보살은 코끼리의 행동에는 분명 이유가 있다고 생각했다.

'어쩌면 사람에게 무언가를 들은 게 아닐까? 누군가가 가르친

대로 행동하는 게 아닐까? 그래서 흉악하게 변했나?'

보살은 사람들에게 사육사 말고 다른 사람이 아가씨 코끼리 근처에 다가간 적이 있었는지 확인해 달라고 부탁했다.

"주인이시여! 며칠 전에 이곳에서 도둑들이 잡혔다고 합니다!"

보살은 왕에게 갔다.

"선생이여, 이유를 알아냈는가?"

"폐하, 코끼리의 몸에는 문제가 없었습니다. 코끼리가 흉포해진 것은 도둑들이 하는 이야기를 들었기 때문입니다."

"오! 그렇다면 이제 어떻게 해야 하는가?"

"사람들에게 존경받는 왕실의 학자들을 그곳으로 보내서 올바름에 관한 이야기를 나누게 하십시오."

"친구여, 그렇게 하겠네."

보살은 학자들을 아가씨 코끼리에게 데려가서 그 주변에 앉아 올바름에 관한 이야기를 나누게 했다.

"누구도 다치게 해서는 안 되고, 누구도 죽게 해서는 안 됩니다. 행실이 올바른 사람이 되려면 인내하고, 사랑하고, 자비로워야 합니다."

이제 아가씨 코끼리는,

'이 사람들은 나를 가르치려는 거야. 나는 착해져야만 해.'라고 생각했다.

보살은 아가씨 코끼리가 다시 착하고 온순한 코끼리로 되돌아온 것을 보고 왕에게 갔다.

"친구여, 어찌 되었는가?"

"예, 폐하. 현명한 사람들에게 배워 이제 예전의 모습을 되찾았습니다."

그리고 보살은 이렇게 읊었다.

도둑들이 하는 말을 듣고
아가씨는 사람을 죽였다.
좋은 사람들이 하는 말을 듣고
아가씨는 잃어버린 마음을 되찾았다.

그러자 왕은 보살에게 경의를 표하며,

"선생은 동물이 타고난 기질조차도 이해한다! 이 얼마나 대단한가!"라고 말했다.

왕은 보살과 함께 오래 살고서 그의 복에 따라 세상을 떠났다.

이야기를 마치며 부처는 이렇게 말했다.

"수행자야, 너도 사람의 말에 휘둘리고 있다. 너는 도둑의 말을 들으면 도둑을 따르고, 올바른 사람의 말을 들으면 올바른 사람을 따른다. 당시의 아가씨 코끼리가 지금의 너고, 왕이 아난다이고, 왕의 스승이 바로 나다."

"당신을 흔드는 것은
당신 자신이다."

슬픔이 떠나면
기쁨이 온다

두 친구가 있었다. 한 명은 부처에게 서약한 수행자였고, 매일같이 다른 한 명의 집을 찾아가서 얻어먹었다. 매번 둘은 함께 식사했고, 식사를 마친 후에는 같이 사원을 찾아 해가 질 때까지 이야기를 나누다가 헤어졌다. 언제나 둘은 서로를 마중하고 배웅했다. 그들의 우정은 수행자들 사이에서 회자되었고, 수행자들은 법당에 모여 그들의 이야기를 하곤 했다.

현생을 사는 이들을 위한 부처의 마음 수업

하루는 부처가 수행자들에게 다가가 물었다.

"무슨 이야기를 나누고 있는가?"

"스승이시여, 둘의 우정을 이야기하고 있었습니다!"

"수행자들아, 지금만이 아니다. 전생에서도 그들은 둘도 없는 친구 사이였다."

부처는 제자들에게 전생의 비밀을 들려줬다.

오래전, 브라마닷타가 베나레스를 다스릴 때, 보살이 그의 스승이었다. 당시 왕은 코끼리 한 마리를 키웠는데, 그 코끼리를 사육하는 곳에 드나들며 코끼리가 먹다 흘린 밥을 주워 먹는 개가 한 마리 있었다. 시간이 흐르며 둘은 서로에게 좋은 친구가 됐고, 서로가 없이는 행복할 수 없는 사이가 됐다. 그들은 함께 먹고, 함께 장난치고, 함께 놀았다.

그러던 어느 날 한 사육사가 마을에 사는 농부에게 돈을 받고 그 개를 팔았다. 그때부터 코끼리는 개를 그리워하며 먹지도, 마시지도, 목욕하지도 않았다. 사람들이 이 사실을 왕에게 알렸다.

왕은 보살을 불렀다.

"선생이여, 코끼리가 왜 그렇게 행동하는지 알아봐 주게."

"예, 폐하."

보살은 코끼리를 보러 갔고 그가 보았을 때 코끼리는 한없이 슬픈 표정을 하고 있었다.

'몸에는 아무런 문제가 없었다. 이는 필시 가까이에 있던 누군가를 잃고 슬퍼하는 것이다.'

보살은 사육사들을 불러서,

"코끼리가 늘 혼자 있었는가?"라고 물었다.

"아닙니다, 주인님! 개 한 마리와 아주 친하게 지냈습니다."

"그 개는 지금 어디에 있는가?"

"마을에서 온 농부가 데려갔습니다."

"어디 사는 누구인지 아는가?"

"그것까지는 모릅니다, 주인님."

보살은 왕에게 갔다.

"선생이여, 원인을 찾았는가?"

"폐하, 코끼리의 몸에는 문제가 없었습니다. 다만 아주 친하게 지낸 개 한 마리가 있었는데, 어떤 농부가 그 개를 데려갔다고 합니다. 아마도 그 개가 그리워 음식을 먹지 않는 것 같습니다."

그리고 보살은 이렇게 읊었다.

코끼리는 쌀 한 톨도 먹지 않는다.
물에 몸을 담그고 즐거워하지도 않는다.
코끼리가 개를 사랑한 것이다.

그러자 왕이,

"이제 어쩌면 좋은가?"라고 물었다.

"폐하, 포고령을 내리십시오. 왕궁에서 코끼리와 친하게 지내던 개를 데려간 사람은 당장 개를 다시 데려오라고 하십시오. 그리하지 않으면 벌을 내리겠다고 하십시오."

"친구여, 그렇게 하겠네!"

왕이 포고령을 내리자마자 농부가 와서 개를 돌려주었다.

다시 만난 코끼리 앞에서 개가 머뭇거리자 코끼리는 코로 그를 들어 올려 자기 머리 위에 태우고 한참을 울었다. 그러다가 그를 도로 땅에 내려주고 자기 음식을 나누어 먹었다.

왕은 동물의 마음마저 이해하는 보살의 지혜에 경탄했다.

"이 얼마나 놀라운가!"

이야기를 마치며 부처는 이렇게 말했다.

"당시 사귄 코끼리와 개가 지금의 둘이다. 그리고 당시 왕의 스승이 지금 바로 나다."

"당신이 슬퍼했다는
사실을 잊지 마라."

상처받지 않는
마음은 없다

부처가 제타바나에 머물 때, 여섯 명의 수행자들이 다른 수행자들을 깔보고, 냉대하고, 약 올리며 모욕한 일이 있었다. 수치를 당한 수행자들은 부처에게 이 사실을 알렸고, 부처가 그 여섯을 불렀다.

"너희들이 다른 수행자들을 심한 말로 모욕했다는 것이 사실인가?"

"사실입니다."

"수행자들아, 하물며 동물도 사람의 거친 말로 인해 상처받는다.

과거에 한 황소는 자신에게 말로 상처를 준 주인이 동전 천 개를 잃게 했다."

　오래전, 간다라 왕이 타카실라를 다스릴 때, 보살은 황소의 삶을 살고 있었다. 그가 아직 어린 송아지였을 때 한 브라만이 그를 이웃에게 선물 받아 기르게 되었고, 그에게 '난디 비살라'' 라는 이름을 지어줬다. 브라만은 송아지를 어여삐 여겨 쌀죽을 먹여가며 친자식처럼 키웠다.

　시간이 흘러 어느덧 늠름한 황소로 자란 보살은,

　'이 분은 지금까지 나를 애지중지 키웠어. 그리고 나는 이제 인도 땅의 다른 어떤 소보다 힘이 세지. 내가 은혜를 갚을 차례야!' 라고 생각했다.

　그리하여 하루는 그가 브라만에게,

　"브라만님, 많은 소를 키우는 부자에게 가서 제가 백 개의 수레를 끄는 걸로 동전 천 개를 걸고 내기하세요."라고 말했다.

　브라만은 소를 많이 가진 대지주를 찾아갔다.

　"이보시오, 당신은 누구의 소가 가장 힘이 세다고 생각하시오?"

　"뭐 이런저런 소들이 힘이 세다고는 하지만, 이 나라 안의 어떤 소도 내 소의 발끝에는 못 미칠 거라네."

　"짐을 가득 실은 수레 백 개를 끄는 소가 있소."

　"세상에 그런 소가 어딨나!"

'힌두교의 신 시바가 타는 황소의 이름.

"내 집에 있소이다."

"그렇다면 내기하세나!"

"내 소가 수레 백 개를 끄는 것에 동전 천 개를 걸겠소."

그렇게 내기는 성사되었고, 브라만은 송아지 두 마리가 끄는 작은 수레 백 개에 모래, 자갈, 돌을 가득 싣고 일렬로 세워서 맨 앞 수레부터 맨 뒤 수레까지 단단히 묶었다. 그리고 난디를 목욕시키고, 향이 나는 쌀 한 숟가락을 먹이고, 목에 화환을 걸어주고, 수레 맨 앞으로 데려와 멍에를 지웠다.

그는 출발선에 서서 나무 막대기를 높이 쳐들고 소리쳤다.

"일어나라 이 짐승아! 수레를 끌어라 몹쓸 자식아!"

보살은,

'내가 몹쓸 자식이라고? 난 몹쓸 자식이 아니야!'라고 생각했다.

보살은 기둥 같은 네 다리로 일어서서 꿈쩍도 하지 않았고, 브라만은 결국 동전 천 개를 잃었다. 돈을 잃고 집으로 돌아온 브라만은 슬픔에 몸져누웠다.

보살은 누워있는 브라만의 주변을 어슬렁거리다가,

"이봐, 자는 거야?"라고 물었다.

"자냐고? 동전 천 개를 잃고 잠이 오겠니?"

"이봐, 내가 당신 집에 살면서 한 번이라도 항아리를 깨거나 벽을 뜯거나 방을 어지럽힌 적이 있니?"

"없었지."

"그런데 왜 내가 몹쓸 자식이니? 이건 다 네 잘못이야. 알았으면 다시 가서 동전 이천 개를 걸어. 그리고 두 번 다시는 날 몹쓸 자식이라고 부르지 마. 난 몹쓸 자식이 전혀 아니니까!"

브라만은 다시 대지주를 찾아가서 동전 이천 개로 내기를 걸었다. 그는 이번에는 백 개의 수레를 한 줄에 열 개씩 열 줄로 세우고 수레가 좌우로 흔들리지 않도록 양옆과 앞뒤를 단단히 묶었다. 그리고 전과 같이 난디를 목욕시키고, 향이 나는 쌀 한 숟가락을 먹이고, 목에 화환을 걸어주고, 수레 맨 앞으로 데려와 멍에를 지웠다.

브라만은 출발선에 서서 난디 비살라의 등을 두드리며 외쳤다.

"일어나라 난디! 앞으로 가자 나의 착한 난디야!"

그러자 보살은 정말로 엄청난 힘을 내어 짐을 가득 실은 수레 백 개를 끌고 앞으로 나아갔다. 그리고 마지막 열의 수레가 맨 앞 열의 수레가 있던 위치에 도달하자 대지주는 자신의 패배를 인정했다. 그는 브라만에게 동전 이천 개를 내줬고, 내기를 지켜본 수많은 구경꾼도 보살에게 동전을 던졌다. 브라만은 보살 덕분에 큰돈을 벌게 됐다.

이야기를 마치며 부처는 이렇게 말했다.

"수행자들아, 거친 말은 누구도 기쁘게 하지 않는다. 당시의 브라만이 지금 아난다이고, 난디 비살라가 바로 나다."

"상처가 되는 말은
마음을 상처입힌다."

하나씩
내려놓으라

부처의 제자들이 법당에 모여 전생에 백 개의 수레를 끈 부처의 힘을 찬양하고 있었다.

"참으로 여래의 힘에는 감히 누구도 범접할 수 없다! 여래가 짊어진 멍에는 다른 누구도 짊어질 수 없다. 세상을 놀라게 하겠다고 말하는 사람은 많지만, 누구도 그런 일을 해내지 못했다. 아! 여래의 힘은 이 얼마나 큰가!"

그때 부처가 법당에 들어와 그들에게 다가갔다.

"수행하는 자들아, 무슨 이야기를 하는가?"

"스승이시여, 당신의 전능한 힘에 대해 말하고 있었습니다!"

"오, 수행자들아. 내가 짊어진 멍에를 이제 누가 메겠는가? 전생에 동물이었을 때조차 다른 누구도 내가 끌던 무게를 끌 수 없었다."

부처는 제자들에게 전생의 비밀을 이야기했다.

오래전, 브라마닷타가 베나레스를 다스릴 때, 보살은 다시 한번 황소로 태어났다. 그가 아직 어린 송아지였을 때 한 노파가 그를 밀린 방값 대신 받아 기르게 되었고, 노파는 검정 송아지를 어여삐 여겨 씰죽을 먹여가며 친자식처럼 키웠다.

그가 자라자 그는 먹물처럼 검어졌고, 마을의 다른 소들과 어울려 다녔으며, 매우 온화하고 조용했다. 마을 아이들은 그의 뿔이나 목을 잡고 매달리거나, 귀나 꼬리를 잡아당기거나, 등에 올라타며 놀았다.

어느 날 보살은,

'가난한 어머니가 날 기르시느라 고생하셨어. 정말 친자식처럼 키워주셨지. 어서 일자리를 구해서 어머니께 돈을 벌어다 드리고 싶어!'라고 생각하였고, 그날부터 일자리를 찾기 시작했다.

얼마 후 한 젊은 상인이 백 마리의 소가 끄는 오백 개의 수레와 함께 옆 마을에 도착했다. 이제 그는 가파른 언덕을 넘어야 했는데, 그의 소들은 짐을 가득 실은 오백 개의 수레를 끌고 도저히 언덕을 오를 수 없었다. 소 한 마리가 한 개의 수레를 끌게 해도, 어떤 소도 수레 하나를 끌고 언덕을 오르지 못했다.

보살은 그 언덕 근처에서 다른 소들과 함께 풀을 뜯고 있었다. 젊은 상인이 가서 그중에 수레를 끌 수 있는 소가 있는지 살펴보다가 보살을 발견했다. 그는 그곳의 목동들에게,

"이 녀석의 주인이 누구니? 이 녀석에게 수레를 끌게 하고 싶은데."라고 물었다.

"그러면 데려가서 끌게 해 보세요! 여기엔 주인이 없어요."

그러나 그가 코뚜레를 걸고 아무리 끌어당겨도 보살은 꿈쩍도 하지 않았다. 이제 상인은 태도를 고쳐서,

"선생님, 제 수레 오백 개를 언덕 위로 올려 주신다면 수레 하나당 동전 두 개, 다 해서 천 개를 드리겠습니다."라고 말했다.

이번엔 보살이 그를 따라나섰다. 상인은 보살에게 한 개 수레의 멍에를 지웠고, 보살은 힘을 내서 수레 하나를 끌고 언덕을 올라 그곳에 안전히 두었다. 그리고 보살은 그렇게 하나씩 오백 개의 수레 전부를 언덕 위로 끌어 올렸다.

일이 끝나자 젊은 상인은 기뻐하며 오백 개의 동전 꾸러미를 보살의 목에 걸어주었다. 보살은,

'이 사람은 나에게 약속한 돈을 주지 않았어! 이대로 보내지 않을 거야!'라고 생각했다.

그는 젊은 상인과 오백 개의 수레를 막아섰고, 사람들이 아무리 힘을 써봐도 그를 비키게 할 수 없었다.

"돈이 너무 적다는 걸 아나 봐."

결국 젊은 상인은 오백 개의 동전 꾸러미를 더 그의 목에 걸어 주었다.

보살은 천 개의 동전 꾸러미를 목에 걸고 그의 '어머니'에게 달려갔다.

마을 아이들이 그를 보고 소리쳤다.

"이봐! 목에 건 게 뭐야?"

그러나 그는 그들에게 눈길도 안 주고 집으로 달려갔다. 그는 너무 많은 수레를 끌어서 눈에 핏발이 섰고 다리는 후들거렸다. 집에 도착했을 때 그는 완전히 지쳐있었다. 노파가 그의 목에 걸린 동전 꾸러미를 보고,

"내 아이야, 이 많은 걸 어디서 얻었니?"라고 물었다.

그리고 노파는 목동에게서 무슨 일이 있었는지 전해 듣고서,

"내가 어떻게 너에게 고역을 시키고 그 돈으로 기뻐하겠니?"라고 말했다. 그리고 그를 따뜻한 물로 목욕시키고, 몸에 기름을 발라주고, 물을 마시게 하고, 음식을 먹였다.

훗날 그녀는 자신의 복에 따라 세상을 떠났고, 보살도 그녀와 함께 세상을 떠났다.

마음이 바라보는 당신

이야기를 마치며 부처는 이렇게 읊었다.

짐이 무거울 때나
발이 무거운 곳에서
검은 소에게 멍에를 지우면
그가 끌 것이다!

"수행자들아, 오직 검은 소만이 짐을 가득 실은 수레를 끌고 가 파른 언덕을 올랐다. 당시의 노파가 지금 우팔라반나이고, 노파의 검은 소가 바로 나다."

"마음이 무거울 땐
하나씩 전부를 해내는 것이다."

배고픈 돼지가
되지 마라

부처가 제타바나에서 머물 때, 한 수행자가 뚱뚱한 여인을 사랑하여 열병을 앓게 되었다.

부처는 몸져누운 그를 찾아가서,

"네가 사랑에 빠져 앓고 있다는 것이 정말인가?"라고 물었다.

"주인이시여, 사실입니다!"

"어째서인가?"

현생을 사는 이들을 위한 부처의 마음 수업

"그 여인이 너무나도 매력적이기 때문입니다!"

"수행자야, 그 여자는 너에게 재앙을 가져다줄 것이다. 전생에서도 너는 그 여자의 결혼식에서 목숨을 잃고 잔치의 음식이 되었다."

부처는 그에게 전생의 비밀을 이야기했다.

오래전, 브라마닷타가 베나레스를 다스릴 때, 보살은 한 부농 집안에서 '붉은소'라는 이름을 가진 황소의 삶을 살았다. 그에게는 '작은소'라는 이름의 동생이 있었고, 집안의 수레를 끄는 일은 두 형제가 전부 맡아서 했다.

그리고 그 집안에는 외동딸이 있었는데, 그녀가 도시의 귀족과 결혼하게 되었다.

그녀의 부모는,

'딸의 결혼식에 오는 손님들을 위해 잔치 음식을 준비해야겠어' 라고 생각했고, 돼지 한 마리를 쌀밥을 먹여가며 살찌웠다. 그들은 그 돼지를 '탄두리''라고 불렀다.

보살의 동생이 이 광경을 보고 형에게,

"형, 이 집의 수레를 끄는 건 전부 우리가 하는데 이 집 사람들은 우리에게 짚과 풀만 먹여. 돼지에겐 쌀밥을 주면서! 우리가 이런 대접을 받아야 해?"라고 말했다.

"사랑하는 내 동생아, 돼지가 먹는 걸 부러워하지 마. 저 불쌍한

'인도의 화덕 요리.

돼지는 죽으려고 먹는 거야. 이 집 사람들은 결혼식을 찾아오는 손님들을 먹이려고 저 녀석을 살찌우고 있어. 며칠 더 지나면 사람들이 저 돼지를 잡아 화덕에 구운 요리로 만드는 걸 보게 될 거야."

보살은 이렇게 읊었다.

<blockquote>
탄두리를 부러워 마라.
돼지가 먹는 것은 죽음이다!
겨를 먹고 만족하라.
목숨을 빼앗기지 마라!
</blockquote>

얼마 뒤, 사람들이 와서 탄두리를 거꾸로 매달아 짊어지고 갔고, 잡아서 화덕에 구운 요리로 만들었다.

보살이 작은소에게,

"탄두리를 보았니?"라고 물었다.

작은소가,

"형, 봤어."라고 대답했다.

"형, 탄두리가 먹은 쌀밥보다 우리가 먹는 여물이 백배 천배 나아. 우리가 잡아먹히지 않을 거라는 증거니까."

이야기를 마치며 부처는 이렇게 말했다.

"수행자야, 당시 화덕에 구워진 살찌운 돼지가 지금 너고, 너를 손님들에게 대접한 신부가 지금 네가 사랑하는 뚱뚱한 여자이다. 작은소가 아난다이고, 붉은소가 바로 나다."

"마음을 살찌우고 나면
당신이 먹힐 것이다."

당신의 기쁨을
감추어라

이 이야기는 부처가 제타바나에 머물 때, 부끄러움을 모르는 수행자에게 부끄러움을 가르치기 위해 들려준 것이다.

"수행자아, 부끄러움을 모르는 사람은 신뢰를 잃을 뿐만 아니라 보석 같은 아내도 잃게 된다."

부처는 그에게 전생의 비밀을 말하였다.

첫 번째 세상이 시작되었을 때, 네발 달린 동물들은 사자를 그들의 왕으로 선택했고 물고기들은 고래를, 새들은 황금 거위를 각각 그들의 왕으로 선택했다.

황금 거위 왕가에는 아름다운 딸이 있었는데, 그녀가 결혼할 때가 되자 그녀의 부모는 그녀가 직접 자기 남편을 선택할 수 있는 자리를 만들기로 했다.

그리하여 새들의 왕은 히말라야 전 지역의 새들을 불러 모았고, 거위를 비롯한 온갖 종류의 새들이 넓고 평평한 바위로 모여들었다.

이제 왕은 딸을 그곳으로 데리고 가서,

"네가 가장 마음에 드는 새를 남편으로 고르거라."라고 말했다.

그녀는 아버지의 말대로 그곳에 모인 새들을 쭉 보다가, 주옥같이 밝은 목과 색색의 꼬리를 가진 한 마리의 공작새에게 눈을 빼앗겼다.

그녀는,

"저 공작새를 남편으로 선택할게요!"라고 말했다.

그녀가 결정을 내리자 공작새 주변의 새들이 공작새를 축하했다.

"새여! 왕의 딸이 이토록 많은 새 중에서 자네를 선택했네!"

그러자 공작새는,

"오늘에 이르러서야 너희들이 비로소 나의 위대함을 아는구나!"라고 말하더니 날개를 활짝 펴고 희열을 느끼며 수많은 새들 가운데서 부끄럼 없이 춤을 추기 시작했다.

새들의 왕이 그 광경을 보고 큰 충격을 받았다!

"이자는 마음에 겸손함이 없을 뿐 아니라 밖으로 드러나는 행동에도 品位가 없다! 부끄러움의 모든 감각을 잃은 자에게 내 딸을 내줄 수는 없어!"

그리고 왕은 이렇게 읊었다.

너의 울음소리는 즐겁고
너의 등은 빛나고
너의 꽁지깃은 한 길이나 길지만
너의 춤에는 겸손함이 없다!

왕은 그 자리에 있는 새들 가운데서 젊은 거위를 골라 자기 딸의 남편으로 정했다.

공작새는 그제야 아내를 얻지 못한 부끄러움을 느끼고 날아가 버렸다.

이야기를 마치며 부처는 이렇게 말했다.

"당시 겸손을 잃은 공작새가 지금 부끄러움을 모르는 수행자이고, 공작새에게 부끄러움을 가르친 새들의 왕이 바로 나다."

마음이 바라보는 당신

"감춰도 드러나는 것이
마음이다."

평정심을
유지하라

　이 이야기는 부처가 카필라바투 근처에 있는 반안 숲에 머물 때, 그의 친척들이 서로 다투는 것을 보고 그들에게 들려준 것이다.

　"친척끼리 싸우는 것이 가장 피해야 할 일이다! 동물조차도 서로의 마음이 일치할 때는 적을 이기다가, 각자가 다른 마음을 품자 그 즉시 망하였다."

　부처는 그들에게 전생의 비밀을 말했다.

오래전, 브라마닷타가 베나레스를 다스릴 때, 보살은 메추라기로 태어나 숲에 살며 수천 마리의 메추라기 일족을 돌보았다.

어느 날 메추라기들이 사는 숲에 새잡이꾼이 찾아왔다. 그는 메추라기들이 내는 울음소리를 듣고서 그들이 있는 곳을 알아낼 수 있었다. 메추라기들을 찾아낸 그는 모여 있는 메추라기들 위로 그물을 던졌고, 그물에 덮인 메추라기들을 한데로 쓸어 모아 바구니에 가득 담았다. 새잡이꾼은 잡은 메추라기들을 마을에 가져다 팔며 생계를 꾸려갔다.

하루는 보살이 다른 메추라기들에게 말했다.

"이러다가 새잡이꾼이 우리 일족을 다 잡아가겠어! 나한테 한 가지 방법이 있으니까 다들 들어봐. 앞으로 새잡이꾼이 그물을 던지면 모두가 그걸 머리에 이고서 우리가 좋아하는 덤불로 들어가는 거야. 그러면 그물이 덤불에 걸려 벗겨질 테니까 우린 도망칠 수 있어!"

모든 메추라기가 보살의 의견에 동의했고, 다음날부터 그들은 새잡이꾼이 던지는 그물을 다 같이 들어 올려서 덤불 위에다 던지고 그물을 빠져나갔다. 새잡이꾼은 덤불에 엉킨 그물을 푸느라 하루를 다 보내게 됐고, 빈손으로 집에 돌아가게 됐다.

결국 그의 아내가 억누르던 화를 터트렸다!

"당신, 날마다 빈손이네요? 어디 먹여 살릴 사람이라도 생겼나 보죠?"

"여보!"

사냥꾼이 말했다.

"내가 먹여 살리는 건 당신 하나뿐이야. 무슨 일인지 말해줄게. 내가 그물을 던지면 메추라기들이 그걸 다시 덤불에 던져버리고 있어. 그렇지만 그것들이 언제까지나 그럴 수는 없어! 그러니까 걱정하지 마. 메추라기들이 서로 다른 마음을 품는 순간 내가 전부 잡아 올 테니까. 당신을 웃게 해 줄게!"

그리고 그는 이렇게 읊었다.

> 메추라기 일족이 한마음일 때—
> 그들은 그물을 벗어날 수 있다.
> 그러나 논쟁하기 시작한다면—
> 그들은 내 손에 잡힐 것이다!

그로부터 불과 며칠 뒤, 한 메추라기가 먹이를 찾기 위해 땅에 내려앉으며 실수로 다른 메추라기의 머리를 밟았다.

화가 난 메추라기가,

"내 머리 밟은 게 누구야?"라고 물었다.

"네 머리를 밟을 의도는 없었어. 화내지 마."

그러나 머리를 밟힌 메추라기는 계속해서 화를 냈고 그들은 결국 서로 언성을 높여가며 논쟁하게 됐다.

마음이 바라보는 당신

"아, 그래서 너만 그물을 들었나 봐?"

"아, 그래서 너만 힘들었나 봐?"

그들이 다투는 것을 보고 보살이,

'이 메추라기들은 이제 더 이상 함께 그물을 들어 올리지 않을 거야. 새잡이꾼은 기회를 잡을 거고 우리 일족은 사라지겠지. 어서 이곳을 떠나야 해!'라고 생각했다.

보살은 친족들만을 데리고 다른 곳으로 떠났다.

며칠 뒤 새잡이꾼이 다시 숲을 찾아왔다. 메추라기들이 내는 울음소리로 메추라기들을 찾아낸 그가 그물을 던졌다. 그러자 메추라기 한 마리가 소리쳤다.

"네가 그물을 들다가 깃털이 다 빠졌다며? 그럼 당장 들어봐!"

그러자 다른 한 마리가,

"너는 그물을 들다가 날개깃이 다 빠졌다며? 그럼 당장 들어봐!"

그들이 서로 그물을 들라고 악을 쓸 때 새잡이꾼이 그물을 쓸어 올려 그들을 바구니에 가득 담았다. 그는 집으로 돌아가서 그의 아내를 웃게 했다.

이야기를 마치며 부처는 이렇게 말했다.

"당시 메추라기 일족의 분열을 일으킨 메추라기가 지금 데바닷타이고, 논쟁을 피해 일족을 떠난 현명한 메추라기가 바로 나다."

"한번 흐트러진 마음은
힘을 잃는다."

아프지
마라

부처가 제타바나에 머물 때, 한 수행자가 부인을 그리워하다가
상사병에 걸려 몸져누웠다.

부처는 몸져누운 그를 찾아가서,

"네가 상사병을 앓고 있다는 것이 사실인가?"라고 물었다.

"주인이시여, 그렇습니다!"

"무엇이 그리도 아픈가?"

"아내의 손에서 느껴지는 감촉이 그립습니다! 저는 아내를 버릴 수 없습니다!"

"오, 수행자야, 그 여자가 너에게 또 해를 끼치는구나. 전생에서도 너는 내가 널 돕지 않았다면 그 여자로 인해 죽을 뻔했다."

부처는 그에게 전생의 비밀을 이야기했다.

오래전, 브라마닷타가 베나레스를 다스릴 때, 보살은 그의 스승이었다.

하루는 보살이 길을 가는데 어부들이 강에서 그물을 던지고 있었다. 그리고 어부들이 던져 놓은 그물 근처에서 커다란 물고기가 그의 아내와 술래잡기하며 놀고 있었다. 커다란 물고기는 아내를 쫓아 헤엄쳤고, 그물 앞에서 멈춘 아내는 남편이 가까이 오자 옆으로 몸을 피했다. 그러나 욕정에 사로잡힌 커다란 물고기는 그대로 그물로 뛰어들었다.

어부들이 큰 물고기가 잡힌 것을 알아차리고 그물을 당겨 올렸다. 그들은 잡은 물고기를 모래 위에 던져 놓고 불을 지피며 요리할 준비를 했다.

물고기는 자기의 죽음을 한탄했다.

'불의 뜨거움도, 꼬챙이에 찔리는 아픔도 상관없다. 다만 내 아내가 나에게 버림받았다고 생각하여 슬픔에서 헤어 나오지 못한다면 그것이야말로 참을 수 없는 고통이다!'

그리고 그는 이렇게 읊었다.

그물에 걸린 내가 고통스러운 것은
내가 다른 즐거움을 찾아 떠났다며
내 아내가 슬퍼하는 것이다.

그 광경을 보던 보살이 하인들을 데리고 강가로 내려갔다. 보살은 모든 동물의 언어를 이해했기 때문에 죽음을 앞둔 물고기의 생각을 알 수 있었다.

'이 물고기는 자신이 지은 죄가 아내를 슬프게 할 것을 슬퍼하고 있구나. 이대로 죽는다면 이 물고기는 분명 지옥에서 다시 태어날 것이다. 내가 구해줘야겠다.'

보살이 어부들에게 갔다.

"나의 착한 사람들이여! 우리가 먹을 카레에 넣을 물고기 한 마리를 얻을 수 있겠는가?"

"무슨 말씀이십니까, 선생님!"

어부들이 말했다.

"마음에 드시는 걸로 얼마든지 가져가십시오!"

"고맙네. 그렇다면 이 한 마리만 주게."

보살은 어부들에게 받은 커다란 물고기를 손에 들고 가서 혼자 모래 위에 앉았다.

"착한 물고기야, 내가 오늘 너를 만나지 못했다면 너는 목숨을 잃었을 것이다. 이제부터는 죄를 짓지 마라."

보살은 물고기를 강으로 돌려보내고 성으로 돌아갔다.

이야기를 마치며 부처는 이렇게 말했다.

"당시 그물에 걸려 죽을 뻔한 물고기가 지금 너고, 그 물고기의 아내가 지금 네가 버린 아내고, 물고기를 살려준 왕의 스승이 바로 나다."

"마음이
당신을 아프게 하는 것이다."

04

부처를 바라보는 마음

당신을 담은 그릇이
마음이다

　두 명의 젊은 수행자가 부처를 만나기 위해 사밧티를 떠나 제타
바나로 향했다. 그들 중 한 명은 물그릇을 가지고 있었으나, 다른
한 명은 가지고 있지 않았다. 그리하여 둘은 물그릇을 빌리고 빌
려주며 물을 마셨는데, 어느 날 그들이 다툰 후로 물그릇의 주인
은 자신의 물그릇을 빌려주지 않게 되었다. 물그릇을 빌리지 못한
수행자는 결국 목마름을 참을 수 없게 되어 물그릇 없이 강물을

현생을 사는 이들을 위한 부처의 마음 수업

마셨다.

얼마 뒤 그들은 제타바타에 도착하여 부처를 만나 인사하였다.

"너희는 어디에서 왔는가?"

"주인이시여, 저희는 코살라 땅에 사는 사람들이며 당신을 만나기 위해 이곳에 왔습니다."

부처는 그들에게,

"그렇다면 서로 화합하여 수행하거라."라고 당부하였다.

그러자 물그릇을 빌리지 못했던 수행자가,

"주인이시여! 이자는 길에서 저와 다투고 물그릇을 빌려주지 않았습니다!"라고 말했다.

그러자 다른 수행자가,

"주인이시여, 이자는 물그릇에 담지 않은 물을 마음대로 마셨습니다!"라고 말했다.

부처는,

"수행자야, 네가 사람에게 허락되지 않은 물을 마셨다는 것이 사실이냐?"라고 물었다.

"주인이시여, 사실입니다."

"오, 수행자야, 과거에 하늘을 다스리던 현자는 전쟁에서 패배하여 도망치는 순간에도 '살아있는 것을 고통스럽게 해서는 안 된다.'라고 생각해서 전차를 멈추었다. 계율을 지키기 위해 모든 영광과 목숨까지도 희생한 것이다."

부처는 그에게 전생의 비밀을 이야기했다.

오래전, 마가다가 라자가하를 다스릴 때, 보살은 마카라 마을 브라만 가문의 아들로 태어났다. 보살의 부모는 그에게 '마가'라는 이름을 지어줬고, 그는 자라서 '젊은 브라만 마가'라고 불리었다. 그의 부모는 그를 같은 브라만 계급의 여자와 혼인시켰고, 그는 아내와 함께 딸들과 아들들을 키우며 사람들에게 많은 선행을 베풀고 다섯 가지 계율을 실천하였다.

당시 마카라 마을에는 모두 서른 가구가 살고 있었는데, 하루는 마을에 새로 길을 내는 것을 논의하기 위해서 모든 가구에서 남자가 나와 마을 중앙에 모였다.

보살이 발로 땅을 다져 판판하게 만들고서 거기에 앉으려는데 다른 사람이 와서 앉았다. 보살이 다시 발로 땅을 다져 판판하게 만들었는데 이번에도 다른 사람이 와서 앉았다. 다음번에도 보살이 다져놓은 곳에 다른 사람이 와서 앉았고, 그렇게 보살은 서른 명의 사람들이 모두 앉을 때까지 발로 땅을 다져 판판하게 만들었다.

다음 모임에서 보살은 의자 서른 개를 놓고, 단을 만들고, 천막을 치고, 커다란 물항아리를 가져와서 물을 가득 채워 놓았다. 또 하루는 사람들 사이에 다툼이 일어나자 보살이 그들을 화해시켰고, 그때부터 보살은 사람들의 존경을 받으며 다섯 가지의 계율로

현생을 사는 이들을 위한 부처의 마음 수업

그들을 이끌었다.

공사 기간에 마을의 남자들은 네 개의 큰길을 내기 위해 아침 일찍부터 쇠지레를 들고 나가서 무거운 돌들을 굴리며 탈것이 다닐 수 있도록 길을 평평하게 만들었다. 그리고 둑을 쌓고, 연못을 파고, 집을 짓고, 선행을 하고, 다섯 가지 계율을 지키며, 보살의 지도에 따라서 하루하루 성실하게 일했다.

이제 촌장은 이렇게 생각했다.

'마을 사람들이 술을 마시거나, 살생하거나, 계율을 어기면 나는 그들을 고발하고 돈을 받았다. 그러나 젊은 브라만 마가가 그들을 지도하면서 누구도 어떠한 잘못도 하지 않는다. 그렇다면 나는 그들이 계속 그렇게 계율을 지키게 하리라!'

그는 왕에게 가서,

"왕이시여! 강도들이 마을을 약탈하고 있습니다!"라고 거짓으로 말했다.

"그들을 잡아 오거라!"

촌장은 영문도 모르는 서른 명의 마을 사람들을 왕에게 데려가서 도둑을 잡아 왔다고 했다. 그러자 왕은 사람들을 심문하지도 않고 그들을 코끼리에게 짓밟혀 죽게 하라고 명령했다!

호위병들이 마을 사람들을 뜰로 데려와 엎드리게 하고 코끼리를 불렀다.

보살이 그들에게,

"계율을 지키라, 모함하는 자여! 왕이여! 코끼리여!"라고 소리쳤다.

코끼리가 마을 사람들 앞에 섰다. 그러나 코끼리는 시키는 일을 하지 않고 울부짖을 뿐이었다. 호위병들이 계속해서 다른 코끼리를 데려왔지만 모든 코끼리가 시키는 일을 하지 않고 울부짖기만 했다.

왕은,

"저들이 어떤 장치를 한 것이다."라고 말했다.

그러나 호위병들이 샅샅이 조사해도 아무것도 발견할 수 없었다.

왕은 다시,

"그렇다면 저들이 무슨 주문을 외는 것이다."라고 말했다.

"너희들이 외는 주문을 말하라!"

그러자 보살이,

"오, 왕이시여! 우리가 외는 주문은 다만—살생하지 마라, 허락된 것 외에 가지지 마라, 음란한 죄를 짓지 마라, 거짓을 말하지 마라, 술에 취하지 마라, 사랑을 실천하라, 선한 일을 하라—그리고, 거친 땅을 평지로 만든다, 연못을 판다, 집을 짓는다—입니다! 이것이 우리를 지켜주는 주문이고, 우리의 힘입니다!"라고 대답했다.

이에 왕은 보살을 신뢰하여 마을 사람들을 모함한 촌장을 노예로 만들어 추방하였고, 촌장의 재산을 그들에게 나누어주었다. 왕은 그들에게 코끼리도 주었다.

마을로 돌아온 사람들은 다시 평화롭게 일했다. 네 개의 큰길을 다 낸 뒤에 사람들은 네 개의 큰길이 만나는 곳에 마을 사람들 모두가 쉴 수 있는 커다란 회당을 짓기로 했다. 커다란 회당을 짓기 위해서 그들은 마을 밖에서 뛰어난 목수도 데려왔다. 그러나 마을의 남자들은 이제 여자를 피하기로 결심하였기 때문에 자신들의 선행에 여자가 참여하는 것을 허락하지 않았다.

당시 마카라 마을에는 믿음이 깊은 여자, 생각이 깊은 여자, 마음이 맑은 여자, 집안이 좋은 여자가 있었다. 하루는 믿음이 깊은 여자가 마을 밖에서 온 목수를 몰래 만나서 그에게 좋은 음식을 건넸다.

"형제님, 저도 마을 회당을 짓는 일에 어떻게든 참여하고 싶어요. 부탁드려요."

목수는 그녀가 건넨 음식을 받아먹으면서 그렇게 될 수 있도록 도와주겠다고 약속했다. 그리고 그는 좋은 목재를 골라서 잘 말리고, 대패질했다. 완공한 회당을 마지막으로 장식할 뾰족탑으로 만들기 위해 마감도 완벽하게 했다. 그리고 뾰족탑을 다 만든 목수는 그것을 천으로 덮어서 믿음이 깊은 여자에게 가져다주었다.

드디어 다른 공사가 모두 끝나고 마지막으로 뾰족탑을 회당 위에 올릴 차례가 되었다.

"맙소사, 잊고 있었어!"

목수가 말했다.

남자들이,

"잊은 게 뭔데?"라고 물었다.

"마지막에 올릴 뾰족탑을 잊었어."

"그래? 그러면 얼른 하나 만들어 오겠네."

그러자 목수가 그들을 말렸다.

"그렇게 금방 만들 수 있는 게 아니야. 좋은 목재를 골라서 말리고, 대패질하고, 다시 말리고, 다시 대패질해서 마감까지 완벽하게 해야 하네."

"그러면 이제 어떡하나?"

"뾰족탑을 팔 사람이 있는지 알아봐야겠지."

마을 남자들은 목수를 통해서 믿음이 깊은 여자의 집에 뾰족탑이 있다는 사실을 알게 됐다. 그들은 그녀를 찾아가 뾰족탑을 팔라고 했다. 그러나 그녀는 그들의 제안을 거절하며,

"앞으로 나를 마을 일에 참여시켜주신다면 그냥 드릴게요."라고 말했다.

"그럴 수는 없다!"

남자들은,

"여자가 마을 일에 참여할 수 없다는 건 이미 정해졌다."라고 말했다.

그러자 목수가,

"무슨 소릴 하는 거야? 브라만의 천국에는 여자가 없는 곳이 없는데. 어서 뾰족탑을 받아서 일을 끝내자고!"라고 말했다.

사람들은 그녀에게 뾰족탑을 받아와서 회당 위에 올리고 회당을 완성했다. 믿음이 깊은 여자는 회당 안에 사람들이 앉을 자리를 깔고, 물항아리를 가져와서 사람들이 마실 물을 채워 놓고, 사람들이 먹을 쌀밥을 지어 누구나 와서 먹게 했다.

사람들은 회당을 둘러 담을 세웠고, 드나드는 문을 만들었다. 그리고 담의 안쪽에는 모래를 깔았고, 바깥쪽에는 야자나무를 일렬로 심었다. 이는 생각이 깊은 여자의 생각에 따른 것이었고, 그 완성된 모습이 너무나 아름다워서 꽃을 피우는 어떠한 나무도 그보다 아름다울 수 없었다.

마음이 맑은 여자는 회당의 연못들을 다섯 종류의 수련으로 뒤덮었고, 그 모습 또한 무척 아름다웠다.

집안이 좋은 여자는 아무것도 하지 않았다.

시간이 흘러 보살은 일곱 가지 의무를 달성하였으니, 이는 어머니를 사랑하고, 아버지를 보살피고, 나이 든 이를 공경하고, 진실을 말하고, 거친 말을 하지 않고, 남을 모욕하지 않고, 시기하는 기질을 버리는 것이다—

일곱 가지의 의무를 다한 사람은

삼십삼 명의 신들이 하늘에서 내려와

그를 의로운 사람이라고 선포할 것이다.

보살이 세상을 떠날 때 삼십삼 명의 신들이 천국˙에서 내려와 그를 칭찬하였고, 보살은 삼십삼 명의 신들이 다스리는 천국에서 신들의 왕 '석가'로 다시 태어났다.

당시 삼십삼 명의 신들이 다스리는 천국에는 거인들이 신들과 함께 살고 있었는데, 석가는,

'왕국을 그들과 나누는 것에 무슨 유익이 있겠는가?'라고 생각하여 거인들을 신들이 마시는 술로 취하게 만든 다음 수미산˙˙ 절벽에서 밀어 아래로 떨어뜨렸다.

거인들이 떨어진 곳은 수미산 가장 낮은 곳이었고 삼십삼 명의 신들이 다스리는 천국만큼이나 넓었다. 그곳에는, 석가가 있는 천국에 세계가 한번 생성하고 소멸하는 시간 동안 서 있는 '산호나무'가 있듯이, '나팔나무'라는 나무가 있었다.

수미산 절벽에서 떨어진 거인들이 꽃이 핀 나팔나무를 보고,

"여기는 산호나무에서 꽃이 피는 우리의 천국이 아니다!"라고 깨달았다.

"그 늙은 석가가 우리를 취하게 만들어서 수미산 가장 낮은 곳으로 던져버린 것이다!"

그리고 거인들은,

"우리는 석가와 전쟁할 것이고, 이겨서 우리의 천국을 되찾겠

˙음독하여 '도리천'이라고 한다.
˙˙불교의 우주관에서, 세계의 중앙에 있다는 산.

223

현생을 사는 이들을 위한 부처의 마음 수업

다!"라고 결심했다.

거인 대군이 가파른 수미산 절벽을 오르기 시작하자 그 모습이 마치 나무를 기어오르는 개미 떼 같았다.

"거인이 일어났다!"

다급한 외침을 들은 석가는 군대를 이끌고 수미산 아래로 내려갔고, 거인들을 공습했고, 그러나 끔찍한 결과를 얻어서, 그 유명한 '영광의 전차'를 몰아 남쪽 하늘 천장을 따라 도망쳤다.

이제 그의 전차는 급격히 하강하여 비단목화나무 숲을 가로질러 가는데, 전차가 지나간 자리에는 꺾이고 쓰러진 비단목화나무들이 셀 수 없이 많았다. 비단목화나무에 둥지를 짓고 사는 금시조'의 새끼들도, 전차에 쓰러진 비단목화나무들과 함께 수미산 아래로 굴러떨어지며 크게 울기 시작했다. 석가가 그 울음소리를 듣고 그의 마부 마탈리에게 물었다.

"마탈리여, 들리는가? 이 얼마나 가여운 울음소리인가!"

"주인이시여! 달리는 전차로 인해 비단목화나무 숲이 무너지며 공포에 질린 극락조의 새끼들이 비명을 지르는 것입니다!"

그러자 석가가,

"나의 선한 마탈리여! 이 작은 생명들이 우리로 인해 고통당하게 둘 수는 없다. 내 목숨을 잃더라도 나는 그것들을 살리겠다! 전차를 멈추어라!"라고 말했다.

그리고 석가는 이렇게 읊었다.

'매의 머리, 금빛 날개, 사람의 몸을 하고 입에서 불을 뿜는 새.

극락조의 새끼들이
위험에서 벗어나게 하라.
나의 목숨을 바쳐라!
극락조가 새끼를 잃지 않을 것이다.

그러자 마탈리가 전차를 돌려세웠다.

그들을 추격하던 거인들이 석가의 전차가 멈추어 선 것을 보았다.

거인들은,

"이럴 수는 없다! 신들의 군대가 석가를 도우러 오는 것인가!"라고 오해했다. 겁에 질린 거인들은 추격을 멈추고 자신들의 거처로 되돌아갔다.

석가가 천국으로 돌아오자 천사들이 그를 에워쌌다. 그 순간, 그가 선 땅이 일어나 하늘까지 솟아올랐다. 후에 그곳은 '영광의 처소'라고 불리게 되었다. 석가는 거인들이 다시 올라오지 못하도록 네 명의 왕들에게 네 곳을 지키게 했다.

거인들과의 전쟁에서 승리한 석가가 천국에서 행복을 누리고 있을 때, 믿음이 깊은 여자가 삼십삼 명의 신들이 다스리는 천국에서 다시 태어나 석가를 보필하게 되었다. 그녀는 '믿음'이라고 불리는 전당에서 석가를 보필하였으며, 그곳은 보석으로 장식되어

현생을 사는 이들을 위한 부처의 마음 수업

있었고, 석가는 그곳에서 흰 천으로 덮인 황금 왕좌에 앉아 신들과 사람들에 관한 일들을 처리하였다.

생각이 깊은 여자도 삼십삼 명의 신들이 다스리는 천국에서 다시 태어났다. 그녀는 '생각'이라고 불리는 넝쿨 정원을 관리하였고, 석가가 그곳을 산책하였다.

마음이 맑은 여자도 천국에서 다시 태어나 석가를 보필하게 되었으며 '맑음'이라고 불리는 아주 아름다운 연못을 선물 받았다.

그러나 집안이 좋은 여자는 전혀 덕을 쌓지 않았기 때문에 어떤 숲 어떤 습지에 사는 두루미로 다시 태어났다.

하루는 석가가,

'집안이 좋은 여자가 보이지 않는다. 어디로 간 것일까?'라고 생각했다. 석가는 그녀를 찾아 나섰고, 그녀가 사는 습지에서 두루미로 다시 사는 그녀를 발견했다.

석가는 그녀를 천국으로 데려와서 '믿음의 전당'과 '생각의 정원'과 '맑음의 연못'을 보여주며,

"이들은 선행을 하여 천국에서 다시 태어나 나를 보필하게 되었다. 그러나 너는 아무런 선행도 하지 않아서 동물로 다시 태어난 것이다."라고 말했다. 그리고 석가는 그녀에게 다섯 가지 계율을 가르친 다음 그녀를 다시 습지로 돌려보냈다.

며칠이 지나서 석가는 그녀가 계율을 잘 지키고 있는지 보러 가기로 했다. 그는 물고기로 변해 그녀 앞에 나타났다. 그녀는 움직이지 않는 물고기가 죽었다고 생각하여 들어 삼키려고 하였다. 그

때, 물꼬기가 꼬리를 흔들었다.

'살아있어!'

그녀는 물고기를 놓아주었다.

그러자 석가가 나타났다.

"잘했다! 잘했어!"

석가가 말했다.

"너는 앞으로도 계율을 지키며 살 수 있을 것이다."

두루미의 삶을 마친 그녀는 베나레스에 있는 도공 마을에서 도공의 딸로 다시 태어났다. 석가는 예전처럼 그녀를 보러 가기로 했다. 노파로 변한 그가 신들이 먹는 오이를 수레에 가득 싣고 그녀가 사는 도공 마을에 나타났다.

"오이 사세요! 오이 사세요!"

마을 사람들이 모여들었다.

"내가 사겠소."

노파는 그들에게,

"이 오이는 계율을 지키며 사는 사람만 살 수 있습니다. 그런 삶을 사시는지요?"라고 물었다.

그들은 노파에게,

"우린 계율에 관해선 아는 게 없네. 그냥 돈을 받고 오이를 팔게나."라고 대답했다.

"돈은 필요 없답니다. 계율을 지키며 사는 사람에게 오이를 드리겠습니다."

"미쳤군!"

여자가 마을 사람들에게 그 소식을 듣고서 노파에게 갔다.

"제가 오이를 살게요."

노파가 그녀에게,

"당신은 계율을 지키며 살고 있나요?"라고 물었다.

그녀는 노파에게,

"저는 다섯 가지 계율을 알고, 계율을 지키며 살고 있습니다."라고 대답했다.

"그렇다면 이것들은 전부 당신을 위한 것들입니다."

노파는 그녀에게 오이와 수레까지 주고 떠났다.

여자는 그녀의 생이 다시 한번 끝날 때까지 선한 삶을 살았고, '오해의 아들'이라고 불리는 거인 왕의 딸로 다시 태어났다. 그녀가 전생에서 쌓은 덕으로 인해서 그녀는 시간이 흐를수록 더욱 아름다워졌다. 그녀가 결혼할 나이가 되자, 그녀의 아버지는 딸이 남편을 고를 수 있도록 모든 거인을 불러 모았다. 그때, 마침 석가가 전과 같이 그녀가 사는 모습을 보기 위해 그곳에 있었는데, 그는 그녀가 반드시 자신을 선택할 거라고 믿고 거인으로 변해 다른 거인들과 함께 섰다.

거인의 왕은 거인들이 모인 곳으로 딸을 데려가서 남편을 고르게 했다.

그녀가 석가를 보았고, 전생에서 그를 사랑했기 때문에,

"이 사람이 내 남편입니다."라고 말했다.

이야기를 마치며 부처는 이렇게 말했다.

"당시 영광의 전차를 몰던 마부 마탈리가 지금 아난다이고, 신들의 왕 석가가 바로 나다."

현생을 사는 이들을 위한 부처의 마음 수업

"몇 번을 마셔도 사라지지 않는 것을
인연이라고 한다."

당신의 마음은
많은 것을 담고 있다

부처가 제자들과 함께 마가다 정글을 여행할 때였다. 하루는 부처가 인근의 마을에 가서 음식을 구걸해왔다. 그는 제자들과 함께 식사했고, 식사를 마친 뒤에 제자들을 데리고 다시 출발했다.

바로 그때, 그들이 가는 길 앞에서 엄청난 불길이 솟아올랐다. 불길은 바람을 타고 걷잡을 수 없이 번지며 정글을 태우기 시작했다. 그러나 길에는 많은 수행자가 있었기 때문에 수행자들은 앞으로도 뒤로도 갈 수 없는 상황이었다. 순식간에 불길이 그들을 에워쌌고, 연기에 휩싸인 수행자들은 믿음을 잃고 죽음의 공포에 사로잡혔다.

한 수행자가,

"불이 넘지 못하게 맞불을 놓자!"라고 소리치자, 수행자들이 저마다 나뭇가지를 주워 들고 불을 지피려 했다.

그러자 다른 수행자가,

"무엇들 하는가! 이는 마치 하늘 꼭대기에 떠 있는 달을 보지 못하는 것이고, 천 갈래의 빛을 내뿜으며 세계의 동쪽에서 떠오르는 태양을 보지 못하는 것이고, 해변에 서서 바다를 보지 못하는 것이고, 수미산을 보고도 그 장엄함을 모르는 것이다. 너희들은 땅과 하늘의 위대한 존재와 함께 여행하면서도 '불에 맞서자!'라고 소리치며 부처님의 전능함을 알지 못한다! 자, 부처님께로 가자!"라고 그들을 타일렀다.

수행자들은 서로의 몸을 가까이하며 부처에게 모여들었다.

모든 걸 집어삼킬 듯한 정글의 불길이 마침내 십육 로드˙ 앞까지 다가와서 필멸자를 향해 솟구쳤고, 솟구친 불길은 땅을 한번 내리친 후에 지름이 삼십이 로드인 공간만을 남기고 물에 던져진 횃불처럼 꺼져버렸다.

그 자리에 있는 모든 수행자가,

"오! 부처님이 하시는 일은 이 얼마나 마법 같은가! 저 분별없는 불길도 부처님이 계신 곳은 지날 수가 없었다! 오! 부처님의 힘은

˙약 80m에 달한다.

부처를 바라보는 마음

이 얼마나 큰가!"라고 부르짖었다.

"수행자들아, 불을 끈 것은 내가 지금 가진 힘이 아니다. 내가 전생에서 한 행위가 불을 끈 것이다. 너희가 지금 서 있는 곳은 세계가 한 번 생성하고 소멸하는 동안 불에 타지 않는 기적이 일어난 곳이다."

부처가 말을 마치자 아난다는 옷을 네 번 접어서 땅에 깔았고, 부처는 그 위에 앉아 가부좌를 틀었다.

"내가 전생의 비밀을 들려줄 터이니 잘 듣거라."

오래전 보살은 마가다의 땅 바로 이곳에서 메추라기의 삶을 살았다. 그가 알을 깨고 나왔을 때 그는 거의 꿩만큼 컸다. 그의 부모는 열심히 둥지로 먹이를 나르며 그를 먹였다. 그는 아직 날개를 펼 힘도, 하늘을 날 힘도, 두 다리로 걸을 힘도 없었다.

이곳은 당시에도 해마다 큰불이 나는 정글이었다. 어느 날 불이 타올라 보살이 사는 정글을 집어삼키려 했다. 정글의 새들은 비명을 지르며 둥지를 버리고 날아갔고, 보살의 부모도 둥지에 두고 온 보살을 포기할 수밖에 없었다.

둥지에 남겨진 보살은 누운 채로 목을 쭉 빼서 자신을 향해 달려드는 불길을 보았다.

'만약 나에게 날개를 펴고 하늘을 날 힘이 있다면, 두 다리로 땅을 걸을 힘이 있다면, 나도 불길을 피해서 달아날 수 있을 텐데. 하

현생을 사는 아들을 위한 부처의 마음 수업

지만 나는 그러지 못해! 이제 부모님도 나를 구하러 오실 수는 없을 거야. 누구도 날 도와주지 않아. 나도 날 도울 수 없어. 나는 어떻게 해야 하지!'

그때, 보살에게 문득 이런 생각이 떠올랐다.

'세상에는 덕이 있고 그 결과가 있습니다. 진실이 있고 그 결과가 있습니다. 부처라고 불리는 사람들이 있습니다. 먼 옛날 보리수 나무 아래에서 깨달음을 얻어 부처가 된 사람이 있고, 정직한 생각과 선한 행실에서 솟아나는 지혜를 세상에 전하며 부처가 된 사람이 있고, 진리와 연민과 자비와 인내를 마음에 지녀 부처가 된 사람이 있고, 살아있는 모든 것을 평등하게 사랑하여 부처가 된 사람이 있습니다. 나에게 진리는, 영원히 참된 믿음은 단 하나뿐입니다. 그리고 그 진리가, 나에게 과거의 부처들과 그들이 얻은 것을 떠올리라고, 그리고 내 안에 있는 단 하나의 참된 믿음에 따라 참된 행위를 하라고 말합니다. 나는 이제 내 앞의 불길을 물리쳐야 하고, 나와 다른 새들의 목숨을 살려야 합니다.'

(이는 훗날 이렇게 전해진다.)

세상의 모든 덕과
진실과 순수와 사랑에는
힘이 깃들어 있다!
나는 진리의 이름으로

기적을 일으키겠다.
옛 시대의 정복자들이 믿던
그 힘에 의지하여!

보살은 오래전 세상을 떠난 부처들의 마음을 떠올렸다. 그리고
자신 안에 있는 참된 믿음을 확인하면서 이렇게 읊었다.

날지 못하는 날개
걷지 못하는 다리
떠나간 사람들
모든 것을 끌어안고—
사라져라, 불이여!

그러자 불길이 그로부터 십육 로드 뒤로 물러났고, 물에 던져진
횃불처럼 꺼져버렸으며, 다시는 돌아오지 않았다.
(이 일이 있은 후로 이곳은 세계가 한 번 생성하고 소멸하는 동
안 불에 타지 않게 되었으니 이를 '한 겁의 기적'이라 한다.)

부처가 이야기를 마치자 누군가는 두 번째, 누군가는 세 번째,
누군가는 네 번째 진리에 도달했다.

현생을 사는 이들을 위한 부처의 마음 수업

"마음에 담긴 것들이
나에게 힘을 줄 것이다"

포기할 것은
포기하라

한 수행자가 부처에게 명상의 주제를 받고 제타바나를 떠나 코살라 땅 외곽 마을에 자리를 잡게 됐다. 그가 그곳에서 명상을 시작한 지 얼마 되지 않았을 때 마을에 불이 나서 마을 사람들의 집과 그의 오두막을 전부 태워버린 일이 일어났다.

"내 오두막이 불에 타 사라져서 어려움을 겪고 있습니다."

"우리는 밭이 다 말라버렸습니다."

"먼저 땅에 물을 대야 합니다."

"이제 씨를 뿌려야 합니다."

"울타리를 세워야 합니다."

"곧 곡식을 거두고 타작해야 합니다."

그리하여 마을 사람들은 일 하나를 마치면 다음 일을 시작하기를 거듭하다가 순식간에 삼 개월을 보냈다. 그동안 수행자는 거처할 곳 없이 밖에서 지냈으며, 명상하기는 했으나 별다른 깨달음을 얻지 못하였다.

마지막 명상이 끝나자 그는 스승에게 돌아가 절하고 그 앞에 앉았다.

"수행자야, 명상을 무사히 마쳤는가? 무엇을 얻었는가?"

"스승이시여, 머물 곳이 도중에 사라지는 바람에 명상의 결과를 얻지 못하였습니다."

"오, 수행자야."

부처가 말했다.

"하물며 동물조차도 그들이 버려야 할 것과 버려서는 안 되는 것을 분별하여 아는데, 너는 왜 모르는가?"

그리고 부처는 그에게 전생의 비밀을 이야기했다.

오래전, 브라마닷타가 베나레스를 다스릴 때, 보살은 다시 한번 새의 삶을 살게 되었다. 그는 한 무리의 새 떼를 이끌며 사방으로 가지를 뻗은, 숲에서 가장 큰 나무 위에 살았다.

하루는, 나무의 무성한 나뭇가지들이 바람에 흔들리며 마찰을 일으켜서 연기를 피우기 시작했다.

이것을 본 보살은,

'나뭇가지들이 계속해서 마찰을 일으키면 결국 불꽃이 튀게 될 거야. 나무 아래에는 낙엽이 많이 쌓여있으니 쉽게 불이 붙을 것이고, 별안간에 나무 전체를 불태우겠지.'라고 생각했다.

그는 나무 위의 새 떼를 향해 이렇게 읊었다.

땅과 함께 태어난 나무
공중의 새들이 의지하는
그조차 불타려 한다.
날아오르라, 새들아!
보라! 우리의 은신처가
위험을 초래했다!

그러자 보살의 목소리에 귀를 기울인 현명한 새들이 그의 함께 하늘로 날아올라 다른 나무를 찾아 떠났다.

그러나 어리석은 새들은 보살의 말에 귀를 기울이지 않고서,

"그래서 뭐가 어쨌다고! 저자는 늘 한 방울의 물에서 악어 떼를 보고 있어!"라고 서로에게 말하며 그곳을 떠나지 않았다.

얼마 지나지 않아 보살이 예상한 그대로 나뭇가지에서 불꽃에

현생을 사는 이들을 위한 부처의 마음 수업

튀어 낙엽을 불태우기 시작했고, 연이어 커다란 나무에 불이 붙었다. 불길이 치솟자 나무 위에 있던 새들이 하늘로 날아오르려 했으나 자욱한 연기 때문에 한 치 앞을 볼 수 없었다. 결국 그곳을 벗어나지 못한 새들은 하나둘씩 불 속으로 떨어져 죽음을 맞이하였다.

이야기를 마치며 부처는 이렇게 말했다.

"당시 보살의 말에 귀를 기울여 죽음을 면한 새들이 지금은 부처의 제자들이고, 다가오는 위험을 그들에게 알린 현명한 새가 지금 바로 나다."

"마음에
미련을 남기지 마라."

마음은
길들이는 것이다

아나타핀디카가 사밧티 사원에서 스승을 맞이할 준비를 마치고 라자가하로 편지를 보냈다. 제자의 편지를 받은 부처는 라자가하를 떠나 베살리에 도착했고, 그곳에서 잠시 휴식한 뒤 다시 사밧티를 향해 출발했다. 그때, 부처를 따라나선 제자들 가운데 여섯 명의 수행자가 무리를 앞서가서 그날 머무를 마을의 숙소들을 전부 차지하였다. 그리고 일행이 도착하자 그들은,

"이곳이 부처님께서 머무를 곳이고, 저곳이 우리 다음에 온 수행자들이 머무를 곳이고, 저기가 우리가 머무를 곳입니다."라고 말했다.

뒤에 온 장로들은 머무를 곳이 없었고, 사리불도 그리되어 그의 제자들까지 나서서 숙소를 찾아다녔으나 헛수고였다. 그래서 결국 장로들은 밤새도록 스승의 숙소 근처에서 나무 밑동에 기대어 앉았다 일어섰다 하였다.

다음날 이른 아침 부처가 숙소 밖으로 나와 찬 공기를 마시고 기침했다. 그러자 다른 기침 소리가 들려왔다.

"거기 누구 있는가?"

"주인이시여, 사리불입니다."

사리불이 대답했다.

"사리불아, 여기서 무엇하느냐?"

사리불은 스승에게 마을에 도착해서 일어난 일을 말하였고, 그 사정을 듣고서 부처는 생각에 잠기었다.

'내가 살아있는 지금도 수행자가 다른 수행자를 이렇게나 공경하지 않는데, 하물며 내가 죽은 뒤에는 어떻겠는가!'

부처는 훗날을 내다보며 몹시 염려하였다.

날이 완연히 밝자 부처는 모든 제자를 자신의 숙소 앞으로 불러 모았다.

"제자들아, 앞질러 간 수행자 여섯 명이 지난날 마을의 모든 숙소를 차지하여 장로들이 숙소를 얻지 못했다는 게 사실이냐?"

"스승이시여, 그렇습니다!"

부처는 그 여섯과 다른 제자들을 책망하고 그들을 가르쳤다.

"수행하는 자들아, 가장 좋은 자리, 가장 좋은 물, 가장 좋은 쌀이 누구에게 돌아가야 하는가?"

부처의 질문에 누군가는,

"귀족 출신의 수행자입니다."라고 대답했고,

누군가는,

"브라만 계급에 속했던 수행자입니다."라고 대답했고,

누군가는,

"규율에 정통한 자이며, 법의 주관자이자 첫 번째 선정에 든 자, 또는 두 번째 선정이나 세 번째 선정에 든 자, 그리고 네 번째 선정˙에 든 자입니다."라고 대답했고,

누구는,

"열반의 두 번째나 세 번째 길에 접어든 자, 또는 아라한, 또는 세 가지 진리를 아는 자, 또는 여섯 가지 지혜를 가진 자입니다."라고 대답했다.

이 밖에도 수행자들은 저마다 그들이 생각하는 기준을 말하였다.

부처가 그들을 그만하게 했다.

"수행자들아, 그 권리는 계급에 의해 정해지는 것이 아니다. 또, 법과 규율에 정통하여 누릴 수 있는 것도 아니다. 경전에 해박하거나 신비한 지식을 지닌 것도. 열반을 체험하는 것도 가장 좋은 자리, 가장 좋은 물, 가장 좋은 쌀을 얻을 권리와는 상관없는 것이다. 내게서 배우는 자들아, 나이 든 사람에게 가장 좋은 자리, 가장

˙색계사선정(色界四禪定)과 사무색정(四無色定)을 말한다.

좋은 물, 가장 좋은 쌀이 돌아가야 한다. 이것이 올바른 기준이다. 나이 든 장로들이 먼저 숙소를 얻어야 한다. 그리고 사리불은 나 다음으로 숙소를 얻을 자격이 있다. 너희들이 지금과 같이 나이 든 사람을 공경하지 않는다면 결국 어떻게 되겠느냐?"

부처는 계속해서 제자들을 가르쳤다.

"수행자들아, 과거에는 동물조차도 '노인을 공경해야지만 한 세대를 올바르게 살 수 있다.'라고 말했다. 이제 내가 너희들에게 전생의 비밀을 들려줄 테니 잘 듣거라."

오래전, 히말라야산맥 경사진 곳에 서 있는 커다란 반얀나무 근처에는 공작새, 원숭이, 코끼리, 세 친구가 살고 있었다. 그러나 그들은 서로를 존경하고 존중하는 마음이 부족했고, 각자가 편리한 방식대로 살며 서로에게 유익하지 못했다.

그러던 어느 날, 그들은 서로에게 유익한 방식으로 사는 것이 좋겠다고 생각했다.

"이런 방식으로 사는 건 옳지 않아. 나이가 어린 친구가 나이가 많은 친구를 공경하는 게 어떨까?"

"그러면 누가 제일 나이가 많은데?"

그들은 하루 동안 고민하여 누구의 나이가 가장 많은지 알아낼 방법을 찾아냈다.

현생을 사는 이들을 위한 부처의 마음 수업

세 친구가 함께 반얀나무 밑동에 기대어 앉았다.

"코끼리야, 네가 이 나무를 처음 봤을 때가 기억나니? 그때 이 나무는 얼마만큼 컸니?"

원숭이와 공작새가 코끼리에게 물었다.

코끼리는,

"내가 아직 새끼였을 때 이 반얀나무 위로 넘나들었는데, 가장 높은 가지가 내 배꼽에 닿았어. 그러니까 내가 이 나무를 처음 본 건, 아마도 이제 막 가지를 뻗기 시작할 때였을 거야."라고 대답했다.

다음으로 코끼리와 공작새가 원숭이에게 똑같이 질문했다.

원숭이는,

"친구들아, 내가 아직 새끼였을 때 땅에 앉아서 목을 쭉 뻗으면 이 반얀나무 가장 윗부분에 턱이 닿았어. 그러니까 나는, 줄기가 자랄 때부터 이 나무를 알고 있었어."라고 대답했다.

마지막으로 코끼리와 원숭이가 공작새에게 질문했다.

"공작새야! 네가 이 나무를 처음 본 건 언제였니?"

공작새는,

"예전에 어디였나 이 나무처럼 커다란 반얀나무가 있었거든? 근데 내가 그 나무 열매를 먹고 여기다 씨를 누었단 말이야. 그 씨에서 싹이 터서 이렇게 크게 자랐으니까, 그러면 나는 이 나무가 생기기도 전부터 이 나무를 알았고 너희보다 나이가 많은 게 되겠네?"라고 대답했다.

그러자 코끼리와 원숭이가 영리한 공작새에게,

"친구야, 네가 우리 중에서 가장 나이가 많아. 이제부터 우리가 너를 위해 봉사할게. 너에게 인사하고, 너를 존경하고, 정성을 다해서 너를 대할게. 그러면 네가 앞으로 우리를 지도해 주겠니?"라고 말했다.

이후로 공작새는 친구들의 존경을 받으며 그들이 다섯 가지 계율에 따라서 일곱 가지 의무를 다하도록 했고, 자신도 자신의 의무를 다했다. 그리하여 세 친구는 서로를 공경하며 서로에게 유익한 삶을 살다가 세상을 떠났고, 천국에서 다시 태어날 수 있었다.

이야기를 마치며 부처는 이렇게 말했다.

"수행자들아, 동물들도 서로를 공경하며 살았는데, 너희들은 어떠해야 하겠느냐? 이제부터는 나이에 따라서 가장 좋은 자리, 가장 좋은 물, 가장 좋은 쌀이 돌아가게 하거라. 나이 많은 사람이 밖에서 자는 일은 절대로 일어나서는 안 된다. 당시의 코끼리가 지금 목건련*이고, 원숭이가 사리불이고, 공작새가 바로 나다."

그리고 부처는 이렇게 읊었다.

노인을 공경하는 사람이
마음에 능숙한 사람이다.
이생에서는 찬양받고
내생에서는 행복하리로다.

*부처의 십대제자 중 한 사람. 마우드갈리아야나.

"누군가가 당신의 마음을
길들이는 것이다."

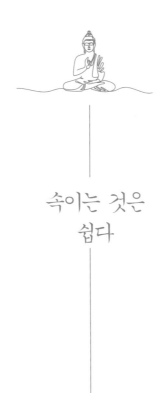

속이는 것은
쉽다

　제타바나에는 다른 수행자들의 옷을 수선해주는 한 수행자가
있었다. 그는 천을 자르거나, 잇거나, 바느질하는 등 옷을 재봉하
는 모든 일에 능숙한 재봉사였다. 뛰어난 재주로 인해 그에게 일
을 맡기는 수행자들은 점점 더 늘어났고, 마침내 그는 사람들에게
'옷의 마법사'라고 불리게 되었다.

　자신의 능력을 인정받은 그는 이제 낡은 천 조각들을 짜기워서

부드러운 촉감의 옷으로 만들기 시작했다. 그는 자신이 재봉한 옷을 염색하였고, 그것을 다시 하얀 조개껍데기 가루를 푼 물에 담가 비벼서 밝고 화사하게 만들었다. 그리고 완성한 옷을 사람들의 눈에 잘 보이는 곳에 조심스럽게 걸어두었다.

다른 수행자들이 그를 찾아왔다.

"형제여, 우리는 옷을 고칠 줄 모릅니다. 우리 옷을 고쳐주시겠습니까?"

"형제여, 먼저 부탁받은 일이 많아서 고치는 데에는 제법 시간이 걸립니다. 대신에 제가 만든 새 옷이 저기 걸려 있으니, 저것과 바꿔드리겠습니다."

그는 수행자들에게 자신이 만든 옷을 보여줬고, 차이를 모르는 수행자들은 훌륭한 색의 옷을 보고 기뻐하며 새것이나 다름없는 자신들의 옷을 주고 누더기로 만든 옷을 가져갔다. 그러나 며칠이 지나서 그들이 옷을 빨자 여기저기 이어 붙인 본래의 모습이 드러났고, 그제야 그들은 자신들이 속은 것을 알고 후회했다. 수행자들을 속인 수행자는 이런 방식으로 계속해서 다른 수행자들을 속여갔다.

당시 제타바나 인근의 시골 마을에는 제타바나의 수행자처럼 남을 속이는 것으로 유명한 또 다른 수행자가 있었는데, 제타바나의 수행자에게 당한 수행자들 가운데 그를 아는 몇몇이 그를 찾아갔다.

"이보게! 제타바나에서 한 수행자가 세상 모든 사람을 속여넘기고 있다네!"

수행자들은 그에게 자신들이 당한 일을 이야기했다.

"그렇군!"

그는 수행자들의 이야기를 흥미롭게 들었다.

"내가 그 도시 친구를 속여넘긴다면 정말 재밌겠는데!"

그는 제타바나의 수행자처럼 낡은 옷을 새 옷처럼 보이게 기워 붉은색으로 염색한 다음 그것을 입고 제타바나로 가서 그 수행자를 찾았다. 제타바나의 수행자는 그가 입은 옷을 보자마자 그것이 탐났다.

"입으신 옷이 참 훌륭합니다."

"제가 가진 가장 좋은 옷이랍니다."

제타바나의 수행자는 그에게,

"마침 저한테 새 옷이 있는데 그것과 바꾸시는 건 어떻습니까?" 라고 물었다.

그러자 그가,

"글쎄요! 당신에게 이걸 주면 나는 어떡합니까?"라고 대답했다.

"그러면 옷 여러 벌과 바꾸시는 것은 어떻습니까?"

그는 제타바나의 수행자에게 누더기로 만든 옷을 주고 좋은 옷 여러 벌을 받아서 마을로 돌아갔다. 그리고 며칠이 지나서 제타바나의 수행자가 그 옷을 빨자, 그제야 그는 그것이 누더기로 만든 것임을 알게 되었다.

이 소식을 들은 수행자들이 그가 속은 일을 이야기하느라 법당이 떠들썩했다.

"그 제타바나의 수행자가 시골에서 온 수행자에게 속아 넘어갔다는군!"

그때 부처가 법당으로 들어왔다.

"무슨 이야기를 하는가?"

수행자들은 부처에게 제타바나에서 일어난 일을 이야기했다.

그러자 부처는,

"제타바나의 수행자가 다른 이들을 속인 것은 이번만이 아니다. 전생에서도 그는 다른 이들을 속였고, 그러나 전생에서도 시골에서 온 수행자에게 당하였다."라고 말했다.

부처는 그들에게 전생의 비밀을 이야기했다.

오래전, 보살은 연꽃으로 뒤덮인 연못 근처에 서 있는 바라나나무의 신령이었다. 그 연못에는 물고기들이 많이 살고 있었는데, 건기가 오자 연못 물이 줄어들고 연못이 비좁아지면서 물고기들이 살기 힘들어했다.

학 한 마리가 모여 있는 물고기들을 보고 생각에 잠겼다.

'어떻게 하면 이 물고기들을 전부 잡아먹을 수 있을까?'

물고기들이 그 모습을 보고,

"무슨 생각을 그렇게 하시나요?"라고 물었다.

학이,

부처를 바라보는 마음

"나는 여러분을 생각하고 있습니다."라고 대답했다.

"우리를 생각하신다고요? 어떤 생각이죠?"

"글쎄요."

학이 그들에게 말했다.

"이 연못에는 물이 너무 적어서 여러분이 살기에 비좁은 것 같네요. 열기도 굉장하고요! 그래서 저는, '여러분을 위해 내가 할 수 있는 일이 뭐가 있을까?'라고 고민하고 있었습니다."

"어쩌면 그렇게 잘 아시나요! 맞습니다! 우린 이제 어떻게 해야 하죠?"

학은 그들에게,

"근처에 이곳처럼 연꽃으로 뒤덮인 꽤 커다란 연못이 있습니다. 여러분들만 괜찮다면 제가 여러분들을 부리에 물고 가서 그 연못에 내려드리지요."라고 대답했다.

"선생님, 학이 물고기를 돕는 건 세상이 시작된 이래로 없는 일입니다. 당신의 목적은 우리를 차례대로 잡아먹으려는 것이 아닙니까?"

"절대로 아닙니다! 저를 믿어주세요. 만약 여러분이 그런 연못이 있다는 걸 믿지 못하시겠다면 여러분 중에 한 분이 저와 함께 그 연못을 보러 가시지요."

물고기들은 학의 말을 듣고 그들 중에서 한 마리를 그와 함께 보내기로 했다. 학은 약속대로 그를 커다란 연못에 데려다주었고, 그가 연못을 둘러보게 한 뒤 다시 다른 물고기들에게 데려왔다.

커다란 연못에 다녀온 물고기는 다른 물고기들에게 그 연못이 얼마나 큰지, 얼마나 좋은지를 한참 동안 말했다. 다른 물고기들은 그 물고기가 하는 말이 믿을만하다고 생각했기 때문에 학의 제안을 따르기로 했다.

"좋습니다. 우리를 커다란 연못으로 데려다주세요."

학은 그가 연못에 데려다주었던 물고기를 다시 부리에 물고 연못으로 날아갔다. 그러나 학은 연못가에 서 있는 바라나나무 위로 날아올라 물고기를 나무에 내던졌고, 죽여서 살을 발라 먹은 다음 가시는 나무 밑에 던져버렸다. 그리고 다른 물고기들에게 돌아가서는,

"다음 분을 모셔다드리겠습니다!"라고 말했다.

이런 방식으로 그는 연못의 물고기들을 차례대로 전부 잡아먹었다!

이제 물고기들이 사라진 연못에는 게 한 마리만이 남았다. 학은 그마저도 잡아먹으려고 했다.

"착한 게야, 내가 이곳에 살던 물고기들 모두를 커다란 연못에 데려다주었어. 이리 오렴, 너도 그곳에 데려다줄게."

"그렇지만 저를 어떻게 데려다주시겠다는 거죠?"

"부리에 물고 갈게."

"그런 방식은 믿을 수 없어요! 당신과 같이 가지 않을 거예요!"

"무서워하지 마, 먼저 간 물고기들도 무사히 있단다."

게는,

'물고기들이 무사했을 리 없어! 물론 나를 커다란 연못으로 데려다준다면 좋겠지만, 만약 그렇게 하지 않는다면 목을 베어버릴 거야!'라고 생각했다.

그리고 게는 학에게,

"이보세요, 저는 작아서 부리에 물고갈 수 없을 거예요. 대신 저는 집게발이 있으니까 당신의 목을 잡고 있게 해 준다면 당신을 따라갈게요."라고 말했다.

게의 생각을 눈치채지 못한 학은 그렇게 하라고 했고, 이제 게는 쇠붙이를 잡은 대장장이처럼 그의 목을 집게발로 꽉 잡았다.

"출발하세요!"

날아오른 학은 게를 연못으로 데려다주는 척하더니 바라나나무를 향해 방향을 바꾸었다.

"멈춰요!"

게가 소리쳤다.

"연못은 저기에 있잖아요!"

"오, 그렇지."

학이 말했다.

"너는 나를 짐꾼이라고 생각했니? 내가 너를 위해 일한다고 생각했나 보구나? 저기 바라나나무 밑에 있는 뼈 더미를 보렴. 물고기들을 한 마리도 빠짐없이 먹어 치운 것처럼 너도 먹어 치울 거야!"

"저 어리석은 물고기들이 당신에게 잡아먹혔군요."

게가 말했다.

"하지만 저는 저렇게 되지 않을 거예요! 반대로 제가 당신을 죽이겠어요. 당신은 제가 당신을 속이고 있다는 걸 눈치채지 못했나 보죠? 우리는 둘 다 죽게 될 거예요. 내가 당신의 목을 베어서 땅에 던져버릴 거니까요!"

그리고 게는 집게발로 학의 목을 꽉 조였다. 학은 숨을 헐떡거리며 눈물을 흘렸고, 공포에 떨면서 게에게 애원했다.

"주인님! 사실 당신을 잡아먹을 생각은 전혀 없습니다! 살려주세요!"

"그렇다면 나를 당장 연못에 내려주세요."

겁에 질린 학이 다시 방향을 돌려 연못으로 내려가 연못가에 게를 내려놓는 순간, 게는 마치 사냥용 칼로 연꽃 줄기를 자르듯이 깨끗하게 학의 목을 베고 물속으로 들어갔다!

이 기묘한 광경을 지켜본 바라나나무의 신령이 나무를 울리는 유쾌한 소리로 이렇게 읊었다.

악당이 아무리 영리하더라도
사람들을 현혹하여
그의 속임수가 승리하더라도
결국엔 저 불쌍한 학처럼
게에게 목이 베이고 만다!

이야기를 마치며 부처는 이렇게 말했다.

"당시 연못의 물고기들을 속여 잡아먹은 학이 지금 다른 수행자들을 속인 제타바나의 수행자이고, 학의 목을 벤 게가 시골에서 온 수행자이고, 바라나나무의 신령이 바로 나다."

현생을 사는 이들을 위한 부처의 마음 수업

"속는 것은 더 쉽다."

헛되이
마음 쓰지 마라

제타바나에는 온순하고 상냥하게 말하며 나이 든 수행자를 공경하는 한 수행자가 있었다. 한번은 사리불이 그를 데리고 마가다 땅 남쪽에 있는 산악마을을 여행하게 되었다. 그러나 그는 날이 갈수록 거만해지더니 어느새 사리불의 말을 전혀 귀담아듣지 않게 되었고, 사리불이 무언가 시키기라도 하면 사리불에게 불같이 화를 내기까지 했다. 그들이 여행을 마치고 제타바나로 돌아오자,

현생을 사는 이들을 위한 부처의 마음 수업

그 수행자는 예전과 마찬가지로 온순하고 상냥하게 행동하였다. 사리불은 여행 중에 그가 왜 그렇게 평소와 다르게 행동하였는지 도무지 이해할 수 없었다.

사리불은 스승을 찾아갔다.

"스승이시여, 이번 여행을 함께한 수행자는 평소에는 동전 백 개에 팔려 온 하인처럼 행동하면서, 밖에 나가서는 거만하게 행동하며 저에게 화를 내기까지 합니다."

"사리불아, 지금만이 아니다. 전생에서도 그는 그렇게 행동했다."

부처는 사리불에게 전생의 비밀을 이야기했다.

오래전, 브라마닷타가 베나레스를 다스릴 때, 보살은 한 마을의 지주로 다시 태어났다. 보살에게는 그와 마찬가지로 마을의 지주인 한 친구가 있었는데, 그 친구는 늙었고 그의 아내는 젊었다. 아내가 아이를 낳자 그는,

'이 여자는 젊으니 내가 죽고 나면 다른 남편을 얻어서 내가 모은 돈을 탕진하겠지. 죽을 때 돈을 가지고 갈 방법이 있을까?'라고 생각했다.

그래서 그는 집에서 부리는 '난다'라는 이름의 하인을 데리고 숲으로 갔다.

"착한 난다야! 내가 죽거든 내 아들에게만 보물이 묻힌 곳을 알

려 주거라."

그들은 자신들만 아는 장소에 많은 금과 돈을 묻었다.

그가 죽고 그의 아들은 곧 성년이 되었다.

그의 어머니가 그를 불러 말했다.

"내 아이야! 네 아버지가 생전에 난다를 데려가서 어딘가에 많은 돈을 묻었단다. 그 돈은 가족의 재산이니, 이제 네가 찾아오렴."

며칠이 지나 그는 난다에게 가서,

"삼촌, 아버지가 돈을 묻은 곳이 있나요?"라고 물었다.

"그렇습니다, 도련님."

난다가 어린 주인에게 대답했다.

"그게 어디죠?"

"숲에 있습니다, 도련님."

"그렇다면 저를 그곳으로 데려가 주세요."

그리하여 둘은 땅을 팔 삽과 금과 돈을 담을 큰 가방을 들고 함께 그곳으로 갔다.

"삼촌, 여기 어디에 돈이 묻힌 거죠?"

그러자 난다는 금과 돈이 묻힌 곳 위에 서서 그만 아는 것을 자랑스러워하며 그의 어린 주인에게 소리쳤다.

"너는 노예이다! 네 엄마는 노예이고, 너는 노예의 자식이다! 그래, 어디에 금과 돈이 묻힌 것 같으냐?"

그러자 어린 주인은 난다가 자신에게 하는 말을 듣지 못했다는 듯이,

현생을 사는 이들을 위한 부처의 마음 수업

"그러면 돌아가요."라고 말하고 그를 데리고 집으로 돌아왔다.

이틀이 지나고 어린 주인은 다시 난다를 데리고 숲으로 갔다.

그러나 난다는 전과 같이 금과 돈이 묻힌 곳 위에 서서 그의 어린 주인을 모욕하는 말을 쏟아냈다.

어린 주인은 이번에도 대꾸하지 않고 난다를 데리고 집으로 돌아왔다.

그는,

'이 노예는 분명 돈이 묻힌 곳에 나를 데려가려고 했어. 그러다가 갑자기 돌변해서 무례하게 행동하는데, 그 이유를 모르겠어. 아버지의 친구분을 찾아가서 이 문제를 어떻게 해결해야 할지 여쭈어보자.'라고 생각했다.

그는 보살을 찾아갔고, 보살에게 난다의 행동을 이야기하고 그 이유를 물었다.

보살은 그에게,

"내 어린 친구여, 난다가 거만하게 서 있는 바로 그 장소가 바로 네 아버지가 금과 돈을 묻은 곳일 것이다. 그러니 난다가 또다시 너를 모욕하거든 너는, '노예야, 지금 누구에게 말하는 것이냐?'라고 말하고 그를 끌어낸 다음 삽으로 그곳을 파서 묻혀 있는 돈을 꺼내 챙기거라. 그리고 너의 노예에게 그것을 들게 해서 집으로 돌아가거라!"라고 말했다.

그리고 보살은 이렇게 읊었다.

부처를 바라보는 마음

황금 더미가 묻힌 곳은
노예로 태어난 난다가
헛되이 부푼 마음을
쏟아내는 곳이다!

어린 지주는 집으로 돌아가서 난다를 데리고 보물이 있는 장소로 갔다. 그는 역시나 거만해져서 무례하게 구는 난다에게 보살이 시킨 그대로 말하였고, 마침내 아버지가 묻어 둔 금과 돈을 들고 집으로 돌아올 수 있었다. 그의 가족은 더 많은 재산을 가지게 되었고, 그는 보살에게 사례한 후에 선행하며 살다가 그의 복에 따라 세상을 떠났다.

이야기를 마치며 부처는 이렇게 말했다.
"사리불과 함께 여행한 수행자가 당시 난다였고, 나는 친구의 아들에게 조언한 현명한 지주였다."

"의미 없는 말에
의미를 두지 마라."

기다림이 길수록
그 열매는 달다

부유한 상인 아나타핀디카는 부처의 제자가 되고 나서 그의 전 재산을 부처에게 공양하였다. 그는 재산의 절반을 써서 오백 명이 넘는 수행자들을 위해 매일같이 아침에는 죽을, 점심에는 기름과 꿀을, 저녁에는 향수와 옷을 사원으로 가져갔다. 어느 날 폭풍으로 둑이 무너져 남은 재산 절반이 바다로 떠내려가자, 그는 그만큼의 돈을 다른 상인들에게 빌려 계속 공양하였다. 이제 재산이 거의 남지

현생을 사는 이들을 위한 부처의 마음 수업

않았으나 그는 여전히 수행자들에게 쌀을 공양했고, 그의 집은 늘 번화한 사거리처럼 모여든 인파로 붐볐다. 부처도 팔십 명의 장로들과 함께 그의 집을 찾고는 했다.

그의 저택에는 일곱 개의 커다란 문이 있었고, 각각의 문 위에는 탑이 세워져 있었다. 그리고 네 번째 문의 네 번째 탑에는 요정이 살고 있었다. 요정은 부처나 그의 제자들이 집에 찾아올 때면 늘 사람들의 눈을 피해서 아이들을 데리고 어딘가로 몸을 숨겨야 했다.

그런 날들이 계속되자 요정은,

'고타마와 그의 제자들이 이 집을 드나드는 한 우리 가족에게 평화란 없어. 이렇게 영영 피해 다닐 수는 없어. 그들이 집에 오지 못하게 해야 해.'라고 생각했다.

며칠이 지나서 요정은 깊은 밤을 틈타 아나타핀디카의 대리인을 찾아갔다.

"거기 누구냐?"

"나는 이 집의 네 번째 탑에서 사는 요정이다."

"왜 여기에 나타났느냐?"

요정은 대리인에게,

"아나타핀디카 때문에 이 집은 망해가고 있다. 그는 훗날을 전혀 생각하지 않고서 고타마에게 돈을 가져다 바치고 있어. 사업은 전혀 신경 쓰지 않고 일도 하지 않아. 그러니 네가 너의 주인에게 잘 말해서 고타마와 그의 제자들이 더 이상 이 집을 찾아오지 않게 해라."라고 말했다.

"오, 어리석은 요정아! 주인님은 모든 재산을 바쳐서라도 구원받고자 하신다. 그러니 내가 머리채를 잡혀 노예로 팔려 가게 되더라도, 그때에는 너와 같이 가리라!"

다음 날 밤 요정은 이번엔 아나타핀디카의 큰아들을 찾아가서 설득했으나 또 거절당하고 말았다. 요정은 감히 아나타핀디카를 찾아갈 수는 없었다.

요정의 말대로 아나타핀디카의 집은 갈수록 빈곤해져 갔다. 그의 옷, 그의 가구, 그의 음식은 예전과 달리 볼품없어졌다.

어느 날, 부처가 아나타핀디카의 집으로 아나타핀디카를 찾아왔다.

"아나타핀디카야, 너는 여전히 공양하고 있느냐?"

"주인이시여, 그렇습니다."

아나타핀디카가 대답했다.

"그러나 공양하는 죽의 양을 줄였습니다."

그러자 부처는 그에게,

"네가 공양하는 것이 너의 성에 차지 않는다고 근심하지 마라. 네 마음이 옳다면 네가 공양하는 것은 전부 옳다. 왜인 줄 아느냐? 너의 마음이 이미 깨끗하다면 네가 내놓는 것 또한 깨끗하기 때문이다."라고 말했다.

그리고 부처는 이렇게 읊었다.

마음에 믿음이 있다면

무엇을 내놓아도 하찮을 수 없다.
마음이 열매를 맺는다면
소금을 치지 않은
마른 죽이라 해도 상관없다!

이제 요정은 어쩔 수 없이 아나타핀디카를 찾아가기로 했다. 밤이 되자 요정은 아나타핀디카 앞에 모습을 드러냈다.

"거기 누구냐?"

"나는 이 집의 네 번째 탑에 사는 요정이다."

"어째서 내 앞에 나타났느냐?"

요정은,

"너에게 조언할 것이 있다."라고 대답했다.

"말해보아라."

그러자 요정은 아나타핀디카에게,

"너는 고타마로 인해 가난해졌다. 너는 이제 아들과 딸에게 남겨 줄 재산도 없지. 이런 상황에서도 너는 여전히 고타마와 어울리며 그와 그의 제자들이 이 집을 찾아오게 한다. 네가 잃어버린 것을 되돌릴 수는 없다. 앞으로는 고타마를 만나지 말고, 그의 제자들이 네 집에 들어오는 것도 허락하지 말고, 네 사업에 전념하여 다시 가족의 재산을 모아라."라고 말했다.

"이게 네가 말한 조언이냐?"

"그렇다."

아나타핀디카가 요정에게 말했다.

"나는 부처님께 지혜를 받아서 너와 같은 요정들 일백, 일천, 일만 마리가 함께 나를 흔들더라도 흔들리지 않게 되었다. 네가 하는 말은 틀렸다. 너는 이 집에 살 수 없으니, 어서 내 집을 떠나라!"

요정은 집을 떠나야 했고 아이들을 데리고 집을 나섰으나 그들이 살 곳을 찾을 수 없었다. 결국 요정은 아나타핀디카에게 용서를 빌고 그들이 살던 집으로 돌아가기로 했다. 요정은 요정의 왕을 찾아갔다.

"왜 나를 찾아왔느냐?"

요정은 왕에게 절하며,

"왕이시여! 저는 아나타핀디카에게 잘못을 저질렀습니다. 제가 한 말이 그를 화나게 하여 그의 집에서 쫓겨났습니다. 제가 다시 그의 집에서 살 수 있도록 왕께서 그를 설득해주시기를 바라옵니다."라고 말했다.

"그에게 뭐라고 했느냐?"

"이제부터 부처를 만나지 말고 그가 너의 집에 들어오지 못하게 하라고 하였습니다."

그러자 요정의 왕은,

"그것은 큰 잘못이다! 나는 도와줄 수 없다!"라고 말했다.

요정은 이번엔 천국을 지키는 네 명의 천사들에게 가서 같은 부탁을 하였으나 또 거절당했다. 그리하여 요정은 신들의 왕 석가를 찾아갔다.

현생을 사는 이들을 위한 부처의 마음 수업

"신이시여! 저는 살 곳을 잃고 아이들과 함께 떠돌고 있습니다. 저에게 은혜를 베푸시어 저와 아이들이 살던 곳으로 되돌아갈 수 있도록 도와주시기를 바라옵니다!"

그리고 요정은 석가에게도 자신이 아나타핀디카에게 한 말을 들려주었다.

"그것은 큰 잘못이다! 나는 너를 대신해서 그를 설득할 수 없다. 다만, 네가 그에게 용서받을 방법을 가르쳐 줄 수는 있다."

"신이시여! 그 방법을 가르쳐주세요!"

석가는 요정에게,

"아나타핀디카는 상인들에게 재산의 절반을 빚지고 있다. 네가 상인의 모습을 하고 가서 그 돈을 받아내라. 그리고 너의 능력으로 그 돈을 다시 아나타핀디카의 금고에 집어넣어라. 또, 그의 재산 중 절반은 폭풍으로 둑이 무너지면서 바다로 떠내려갔다. 너는 바다에 가라앉은 그 돈을 찾아내서 그의 금고에 집어넣어라. 마지막으로 너는 그가 가진 재산의 절반만큼 주인 없는 돈을 찾아내서 그의 금고에 집어넣어라. 그의 금고를 가득 채우고 나면 너는 용서받을 수 있다."
라고 말했다.

"신이시여, 알겠습니다!"

요정은 석가가 시킨 대로 아나타핀디카의 텅 빈 금고를 다시 채웠다. 그리고 한밤중에 아나타핀디카를 찾아가 그의 앞에 모습을 드러냈다.

"거기 누구냐?"

"저는 이 집의 네 번째 탑에 살던 어리석은 요정입니다."

요정이 말했다.

"저는 이전에 지독히도 어리석어서 부처님을 알지 못하고 당신에게 심한 말을 했습니다. 저를 용서해 주세요. 저는 신들의 왕 석가님의 말씀에 따라서 당신의 텅 빈 금고를 가득 채웠습니다. 이 집에서 살지 못하면 저와 아이들은 갈 곳이 없습니다. 오, 위대한 상인이시여, 제가 무지하여 저지른 일을 용서해 주세요."

요정의 말을 듣고 아나타핀디카는,

'이 요정은 자신이 벌을 받았다고 고백하며 용서를 빌고 있다. 부처님이 이 요정을 용서하시리라.'라고 생각했다.

그는 요정에게,

"나에게 용서를 구하려거든 부처님 앞에서 구하여라."라고 말했다.

"그렇게 하겠습니다! 저를 부처님께 데려가 주세요!"

다음 날 아침 일찍 아나타핀디카는 요정을 데리고 부처님께 가서 요정이 한 모든 일을 말하였다.

그러자 부처가 그에게 말하였다.

"아나타핀디카야, 죄인은 죄가 열매를 맺지 않는 동안에는 자신의 죄를 모르다가, 그 열매를 본 뒤에야 자신이 저지른 죄를 알게 된다. 선한 사람도 자신의 선한 행실이 열매를 맺지 않는 동안에는 자신의 선함을 모르다가, 그 열매를 본 뒤에야 자신의 선함을 알게 된다."

그리고 부처는 이렇게 읊었다.

죄인은 죄가 익지 않았을 때,
자신이 선하다고 생각한다.
그러나 죄가 다 익었을 때,
자신이 죄를 지었다는 것을 알게 된다!

선한 사람은 열매가 익지 않았을 때,
자신이 죄를 지었다고 생각한다.
그러나 열매가 다 익었을 때,
그는 자신의 선함을 알게 된다!

부처는 요정을 용서했고 아나타핀디카도 요정을 용서했다.

부처를 바라보는 마음

"당신의 마음이
열매를 맺기까지 인내하라."

결말을 미리
정해 놓지 마라

아나타핀디카는 부처의 앞에서 요정을 물리친 자신을 칭찬하기
시작했다.

"주인이시여! 이 요정이 사악한 말로 저를 흔들고자 하였으나 당
신에 대한 저의 마음은 흔들림이 없었습니다. 저의 공적을 다른 수
행자들이 알아야 하지 않겠사옵니까?"

부처가 아나타핀디카에게 말하였다.

"아나타핀디카야, 너는 나에게 선택받은 제자 중 하나이다. 너의 믿음은 굳세고, 너는 분명히 열반을 향한 첫 번째 길을 걷고 있다. 그러니 네가 악한 요정의 말에 흔들리지 않는 것이 당연하다. 먼 옛날, 이 땅에 아직 부처가 나타나지 않았을 때, 그때에도 사람들은 현자에게 공양하였다. 그러자 마왕이 나타나 깊이가 여든 큐빗'이나 되는 불구덩이를 보여주며 공양하는 사람에게 공양을 멈추라고 하였다."

부처는 아나타핀디카에게 전생의 비밀을 이야기했다.

오래전, 브라마닷타가 베나레스를 다스릴 때, 베나레스의 재정담당관 집안에서 보살이 태어났다. 보살의 부모는 그를 왕자처럼 기르고 가르쳤다. 그리고 보살이 열여섯 살이 되자 그는 자신에게 필요한 모든 지식에 통달하였다. 보살의 아버지가 죽자 보살이 재정담당관이 되었고, 그는 도시에 여섯 개의 회당을 지어 베나레스의 현자들이 회당에서 공양받을 수 있도록 했다. 네 개의 회당은 네 곳의 성문 근처에 있었고, 한 개의 회당은 도시의 중앙에 있었고, 나머지 한 개의 회당은 보살의 저택 앞에 있었다. 보살은 매일같이 회당을 찾아 현자들에게 공양하였다.

어느 날 아침, 보살의 집에서는 보살을 위한 갖은 음식이 달콤한 냄새를 풍기며 준비되고 있었다. 그때, 암흑 속에서 칠일간의 수행을 마친 현자가 몹시 주린 배를 채우기 위해 보살을 찾아가기로 했다.

'약 40 m에 달한다.

현자는 아노타타 호수에서 몸을 씻고, 허리띠를 매고, 옷매무새를 고쳤고, 공양받을 그릇을 챙겨서 마노실라 산의 하늘을 가로질러 보살의 저택으로 갔다.

문 앞에 도착한 그를 본 보살이 식사를 준비하는 하인에게,

"이 분의 그릇을 가져가서 음식을 가득 담아 오거라."라고 말했다.

하늘 위에서 마왕이 이 광경을 보고 생각하였다.

'저 현자는 칠 일을 굶었다. 오늘도 굶는다면 저자는 분명 죽을 것이다. 나는 저자가 공양받지 못하게 하여 저자를 죽게 할 것이다.'

마왕은 즉시 보살의 집 한가운데에 깊이가 여든 큐빗이나 되는 불구덩이를 만들어냈다. 아카시아나무 숯으로 가득 채워진 그 불구덩이는 무간지옥의 불길처럼 활활 타오르고 있었다.

음식이 가득 담긴 그릇을 들고 오던 하인이 집 한가운데에 생겨난 커다란 불구덩이를 보고 겁에 질려 제자리에서 한 발자국도 움직이지 못하게 되었다.

"왜 멈추는가?"

보살이 그의 하인에게 말하였다.

"주인이시여! 눈앞에서 거대한 불구덩이가 타오르고 있습니다!"

그를 비롯하여 집안의 사람들이 집 밖으로 도망치기 시작했다.

보살은 하인이 놓고 간 그릇을 주워 들고,

'마왕은 내가 공양하는 것을 막을 수 있다는 믿음을 가지고서 이런 일을 벌인 것이다. 그러나 나는 일백, 일천의 마왕이 함께 흔들어도 흔들리지 않는 마음을 가지고 있다. 나는 이 자리에서 나의 힘과

마왕의 힘, 누구의 힘이 더 큰지 확인하겠다.'라고 생각했다.

보살은 하늘 위에 떠 있는 마왕을 올려다보았다.

"누구십니까?"

"나는 마왕이다."

"당신이 이 불구덩이를 만들었습니까?"

"그렇다. 내가 만들었다."

"무엇 때문입니까?"

"그저 네가 공양하지 못하게 하여 현자를 죽게 하려는 것뿐이다."

"저는 공양할 것이고, 현자는 죽지 않을 것입니다. 이 자리에서 나와 당신, 누구의 힘이 더 큰지 확인해 봅시다!"

그리고 보살은 불구덩이 가장자리에 서서 외쳤다.

"주인이시여! 나는 이 불구덩이에 떨어져 타 죽더라도 물러서지 않을 것입니다. 내 손에 든 그릇을 받아주시고, 그릇을 든 내 손을 잡아주소서!"

그리고 보살은 이렇게 읊었다.

차라리 무간지옥에 뛰어들겠다―
머리는 아래를 향하고 발은 위를 향한 채로.
그러니 주인이시여 이 그릇을 받으시고,
이 손을 잡아주소서!

말을 마치자 보살은 음식이 담긴 그릇을 두 손에 꼭 쥐고 불타는

구덩이 속으로 뛰어들었다. 그 순간, 불구덩이 가장 밑바닥에서 커다 랗고 아름다운 연꽃이 솟아올라 보살의 발을 받쳤고, 황금빛 꽃가 루가 쏟아져 보살을 덮었다. 보살은 불구덩이에서 걸어 나와 현자에 게로 갔다. 보살이 현자에게 음식이 든 그릇을 건네자 현자는 그릇 을 받아 하늘 위로 던졌다. 그러자 그곳에 구름이 모여들어 천국으 로 이어지는 계단을 만들었고, 현자는 계단을 올라 히말라야의 산 너머로 사라졌다. 보살에게 패배한 마왕은 그가 있던 곳으로 돌아갔 고, 불구덩이 또한 사라졌다. 그 후로 보살은 전과 같이 공양하며 많 은 선한 일을 행하다가 그의 복에 따라 세상을 떠났다.

이야기를 마치며 부처는 이렇게 말했다.
"현자는 그곳에서 죽었고 그의 몸은 다시 태어나지 않았다. 당시 마왕을 물리치고 현자에게 공양한 보살이 지금의 나다."

부처를 바라보는 마음

"마음이 가는 길을
막아서지 마라"

부처의
마지막 노래

부처의 마지막 노래

나는 오래 방황하였다!
생의 사슬에 묶여
많은 전생을 거쳐
헛되이 찾아다녔다.
"이 삶, 이 마음, 이 고통은 어디서 오는가!"
고통과 죽음이 탄생으로 이어질 때,
견디기 힘든 것은 탄생이다.
찾았다! 그것을 찾았다!
네가 다시는 나를 위한 집을
짓지 못하게 하리니,
모든 들보를 무너뜨렸다!
대들보가 무너졌다!
내 마음이 떠나갔다!
나는 열반에 든다.
오랜 갈망의 끝이
마침내 도래했다!

지은이 파우스뵐

덴마크의 불교학자. 1821년 덴마크 렘빅에서 출생하였다. 코펜하겐 대학교에서 공부하였고, 같은 대학교에서 1878년부터 1902년까지 동양학과 언어학을 가르쳤다. 고대 인도에서 사용된 '빨리어(Pāli)'에 능통하여 부처의 자타카(Jātaka) 500여 편을 번역하였고, 1855년에는 서양에서 최초로 『법구경』을 라틴어로 번역하여 세상에 내놓았다. 학술적 성과로 덴마크 국왕에게 세 번에 걸쳐 기사 작위를 수여 받았고, 1908년에 사망하였다.

편역자 김대웅

연세대학교에서 철학을 전공하였다. 같은 대학교 대학원에서 비트겐슈타인을 연구하여 석사 학위를 받았고 박사 과정을 수료하였다. 발표한 논문으로는 「사적 언어 논증: 예측과 원인」, 그리고 「비트겐슈타인의 중대한 오류」가 있다.

현생을 사는 이들을 위한
부처의 마음수업

초판 2024년 7월 1일 1쇄
지은이 파우스뵐
편역자 김대웅
ISBN 979-11-93324-22-6

발행인 아이아키텍트 주식회사
출판브랜드 북플라자
주소 서울시 강남구 학동로 329 북플라자 타워 5층
홈페이지 www.bookplaza.co.kr

오탈자 제보 등 기타 문의사항은 book.plaza@hanmail.net으로 보내주세요.
잘못된 책은 구입하신 서점에서 교환해 드립니다.